Educação física escolar

relações de gênero em jogo

CB027119

ABDR
ASSOCIAÇÃO BRASILEIRA DE DIREITOS REPROGRÁFICOS

EDITORA AFILIADA

Volume 11
Coleção *Educação & Saúde*

Dados Internacionais de Catalogação na Publicação (CIP)
(Câmara Brasileira do Livro, SP, Brasil)

Altmann, Helena
    Educação física escolar : relações de gênero em jogo / Helena Altmann. – São Paulo : Cortez, 2015. – (Coleção educação & saúde ; v. 11).

    ISBN 978-85-249-2340-1

    1. Educação física – Estudo e ensino 2. Identidade de gênero 3. Interação professor-alunos 4. Professores – Formação I. Título. II. Série.

15-02058   CDD-372.8607

Índices para catálogo sistemático:
    1. Educação física escolar e relações de gênero :
        Educação   372.8607

Helena Altmann

Educação física escolar

relações de gênero em jogo

EDUCAÇÃO FÍSICA ESCOLAR: relações de gênero em jogo
Helena Altmann

Capa: aeroestúdio
Preparação de originais: Ana Paula Luccisano
Revisão: Marta Almeida de Sá
Composição: Linea Editora Ltda.
Coordenação editorial: Danilo A. Q. Morales

Direitos para esta edição
CORTEZ EDITORA
Rua Monte Alegre, 1074 – Perdizes
05014-001 – São Paulo – SP
Tel.: (11) 3864-0111   Fax: (11) 3864-4290
e-mail: cortez@cortezeditora.com.br
www.cortezeditora.com.br

Impresso no Brasil – maio de 2015

A quem movimenta meus dias com a
alegria do corpo:
Beatriz e Tomás

Sumário

2.2 Educação Física: conhecimentos da cultura
corporal de movimento na escola.......................... 56

2.3 Aulas de educação física e o acesso
ao conhecimento 59

2.4 Gênero como um marcador social de diferenças
no futebol.. 62

2.5 Esporte e as *megadimensões* do conhecimento
na escola 66

Parte II
Gênero e educação física escolar

3. **Marias [e] homens nas quadras:** sobre a
ocupação do espaço físico escolar............................ 73

   3.1 Ocupação genereficada dos espaços...................... 74

   3.2 Esporte: um espaço viril.................................... 76

   3.3 Estratégias distintas: transgressão e
cumplicidade 79

   3.4 *Marias-homem* na quadra.................................... 86

4. **Exclusão nos esportes** 93

   4.1 As exclusões são de gênero? 93

   4.2 Emaranhado de exclusões 97

   4.3 Sujeitos e objetos de exclusão............................. 101

   4.4 Ser excluído ou excluir-se? 104

   4.5 Genereficação de habilidades esportivas 107

   4.6 Meninas com meninos: desafio ou ameaça?.......... 111

5. **Gênero em jogos e brincadeiras infantis** 117

   5.1 Simulações de brigas... 118

   5.2 Toques de sedução e toques camuflados 123

Apresentação da Coleção

A Coleção Educação e Saúde busca estabelecer diálogo entre pesquisadores do Programa de Pós-Graduação Educação e Saúde na Infância e na Adolescência, da Universidade Federal de São Paulo, e educadores e professores, convidando também especialistas de outras Universidades para a análise de temas específicos, fundamentais para o estudo do cotidiano escolar.

O conjunto de títulos que o leitor encontra nesta Coleção reúne investigadores cujas pesquisas e publicações abrangem de forma variada os temas infância e adolescência e que trazem, portanto, experiência acadêmica relacionada a questões que tocam direta e indiretamente o cotidiano das instituições educacionais, escolares e não escolares.

O diálogo entre os campos da Educação e Saúde tornou-se necessário à medida que os desafios educacionais presentes têm exigido cada vez mais o recurso da abordagem interdisciplinar, abordagem essa necessária para oferecer alternativas às tendências que segregam os chamados problemas de aprendizagem em explicações monolíticas.

A educação dos educadores exige esforços integradores e complementares para que a integridade física, social, emocional e intelectual de crianças e adolescentes com os quais lidamos diariamente não permaneça sendo abordada com reducionismos. Percebemos com frequência a circulação de diagnósticos que reduzem os chamados problemas educacionais a um processo de escolha única, sem alternativas integradoras.

Em relação aos chamados problemas educacionais, na maioria das vezes as opções formativas ou são devedoras de argumentos clínicos ou são devedoras de argumentos socioeconômicos, mas predominantemente esses universos são apresentados como realidades que não devem se comunicar, tornando a opção por uma imediata exclusão do outro.

As desvantagens pessoais e sociais de crianças e adolescentes estão diariamente desafiando professores e educadores em geral. Abordar de forma objetiva e integrada o complexo tema dos chamados problemas físicos, emocionais, intelectuais e sociais que manifestamente interferem na vida escolar de crianças e adolescentes é o desafio desta Coleção.

Esse desafio nos levou a trazer para a Coleção um repertório de temas que contempla os problemas sociais de alunos pobres; os chamados déficits de atenção; as várias formas de fracasso escolar; as deficiências em suas muitas faces; as marcas do corpo; a sexualidade; a diversidade sexual; a interação entre escola e família; a situação dos alunos gravemente enfermos; as muitas formas de violência contra a criança e entre crianças; os dramas da drogadição; os desafios da aquisição de linguagem; as questões ambientais e vários outros temas conexos que foram especialmente mobilizados para este projeto editorial.

A mobilização desses temas não foi aleatória. Resultou do processo de interação que o Programa tem mantido com as redes públicas de ensino de São Paulo. E tem sido justamente essa experiência a grande fiadora da certeza de que os problemas educacionais de crianças e adolescentes não são exclusivamente clínicos, nem exclusivamente sociais. Pensemos nisso.

Por isso, apresentamos a Coleção Educação e Saúde como quem responde a uma demanda muito consistente, que nos convida a compartilhar estudos sobre a infância com base naquilo que de mais rico a interdisciplinaridade tem a oferecer.

MARCOS CEZAR DE FREITAS
Coordenador da Coleção

Introdução

Nos dias 30 e 31 de outubro de 2007, *sites* e jornais brasileiros partilharam o mesmo conteúdo nas suas manchetes de capa: "Copa do Mundo de 2014 será no Brasil";[1] "Oficial! A Copa do Mundo é nossa";[2] "Brasil é confirmado como sede da Copa do Mundo de 2014";[3] "Fifa confirma Copa de 2014 no Brasil";[4] "Brasil é oficializado como sede da Copa do Mundo de 2014". Duas outras informações estavam subentendidas em tais anúncios: a modalidade esportiva em questão e o sexo dos competidores.

O dito popular "O Brasil é o país do futebol" revela o apreço brasileiro por essa modalidade, tão presente em meios de comunicação, conversas de bares, horários nobres dos principais canais televisivos, aulas de educação física, ruas, praças ou praias. Ainda que a referência social e a visibilidade do futebol sejam masculinas,

---

1. Disponível em: <http://acervo.folha.com.br/fsp/2007/10/31/2/5221736>. Acesso em: 2 dez. 2014.

2. Disponível em: <http://globoesporte.globo.com/ESP/Noticia/Futebol/Campeonatos/0,,MUL163196-9790,00.html>. Acesso em: 2 dez. 2014.

3. Disponível em: <http://esportes.estadao.com.br/noticias/futebol,brasil-e-confirmado--como-sede-da-copa-do-mundo-de-2014,72847.htm>. Acesso em: 2 dez. 2014.

4. Disponível em: <http://jornalpequeno.com.br/edicao/2007/10/31/fifa-confirma-copa--de-2014-no-brasil/>. Acesso em: 2 dez. 2014.

no Brasil, ele é praticado e apreciado por um número cada vez mais significativo de mulheres.

Futebol é a segunda modalidade esportiva mais praticada por meninas da região metropolitana de Campinas. Em pesquisa concluída em 2011 com estudantes dos dois últimos anos do ensino fundamental de escolas públicas da região, 9,1% das meninas mencionaram jogar futebol fora do horário escolar, enquanto 12% jogavam vôlei. Handebol (1,7%) e basquete (0,8%) foram os outros esportes por elas citados. Já entre os meninos, o futebol é, de longe, o mais praticado: 55,3%, seguido de natação (2,3%), basquete (2,1%), vôlei (2,1%), lutas (1,6%), handebol (0,5%), atletismo (0,4%) e beisebol (0,2%) (Altmann et al., 2011). Diferenças de gênero são evidentes nesses dados. A diversidade esportiva citada pelos meninos é maior do que a das meninas; no entanto, entre eles, há maior desigualdade de distribuição entre as modalidades praticadas, pois a quantidade de meninos que pratica futebol é, em muito, superior a qualquer outra modalidade.

Sob outra perspectiva, tais dados permitem concluir que 85,6% das pessoas que jogam futebol são meninos e 14,4% são meninas. Em nenhum outro esporte essa desigualdade de gênero entre os praticantes se faz tão presente. Ela só é comparada a duas outras práticas corporais mencionadas pelos sujeitos daquela pesquisa: a dança e a ginástica. Dentre os que mencionaram fazer dança fora do horário escolar, 94% são meninas e 6% são meninos. Na ginástica, 93,3% são meninas e 6,7% meninos. Tais dados já oferecem uma primeira explicação sobre por que o futebol é um dos mais complexos conteúdos de educação física a ser trabalhado de forma coeducativa nas aulas dessa disciplina. Ao longo deste livro, sob diferentes perspectivas e distintas metodologias, serão analisadas relações de gênero em aulas de educação física que têm o futebol e outros esportes como conteúdo. A história de esportivização da educação física escolar contribui para que a dança e a ginástica sejam atualmente conteúdos mais raros nestas aulas.

O crescimento da participação de mulheres como jogadoras, árbitras, torcedoras e, ainda que em menor medida, técnicas de futebol no Brasil é inegável. A trajetória de pesquisa presente neste livro, acrescida de minha própria trajetória esportiva — a qual pouco inclui o futebol — é elucidativa deste fato. Grande parte da minha educação básica foi realizada em uma escola privada do Rio Grande do Sul, de intensa tradição esportiva. A escola contava com equipes esportivas, organizava e participava de competições e "olimpíadas", internas e externas à instituição. Quem treinasse nas equipes era dispensado das aulas de educação física, as quais tinham no esporte seu principal conteúdo e, não raro, funcionavam como um estágio preparatório para a participação nas equipes. Os alunos habilidosos tinham oportunidade de treinar atletismo, basquete, vôlei ou futebol. Já as alunas habilidosas estavam restritas a atletismo e vôlei. As competições internas da escola, que ocorriam duas vezes por ano, contavam com competições nessas quatro modalidades, porém basquete e futebol eram restritos aos meninos.

Em meados da década de 1980, um grupo de meninas, do qual eu fazia parte, inconformadas com esta situação organizou um abaixo-assinado, exigindo competições de futebol e basquete também para as alunas nos campeonatos escolares e a constituição de uma equipe de basquete feminino. Contrariando a hipótese e o argumento da direção da escola, um grande número de alunas inscreveu-se na equipe de basquete, que passou então a treinar regularmente.

Naquele momento, a presença do futebol feminino foi apenas solicitada nos campeonatos escolares internos e não nas equipes de treinamento. Pouco mais de dez anos depois, na escola pesquisada durante o mestrado em Belo Horizonte, em 1997, meninas jogavam futebol em aulas de educação física, em campeonatos internos escolares e ensaiavam movimentos de resistência à quase exclusiva ocupação masculina da quadra de futebol durante os recreios.[5] Inicialmente a escola contava com equipe de treinamento de futebol masculino, porém, por solicitação das próprias alunas, também foi formada uma equipe de treinamento de futebol feminino (Altmann, 1998). Já entre 2002 e 2003, a quadra esportiva da escola pesquisada na cidade do Rio de Janeiro durante meu doutorado continuava sendo ocupada por meninos durante o recreio, mas equipes escolares femininas e masculinas de futebol treinavam e participavam de campeonatos (Altmann, 2005). Entre 2012 e 2013, coordenei o projeto *Educação Física e Relações de Gênero* do Programa de Iniciação à Docência (Pibid)[6] da Unicamp. Em uma das escolas, a experiência de uma equipe feminina de futebol de participar do campeonato escolar interno realizado na semana do Dia das Crianças levou esse grupo de meninas a formar uma equipe escolar que, no ano seguinte, participou do campeonato esportivo entre escolas municipais, promovido pela prefeitura. A medalha de prata obtida nesse torneio é apenas uma das dimensões da conquista protagonizada por essas meninas, cujos efeitos se expressaram também nas aulas de educação física, com maior confiança, interesse e participação nas aulas (Altmann, Jacó e Fernandes, 2014).

Assim, este livro mostra como movimentos de resistência fizeram com que as práticas esportivas se tornassem experiências também femininas, passando a ser vivenciadas, ainda que não isentas de conflitos, por um número cada vez mais significativo de mulheres. Dados e análises podem ser encontrados ao longo do livro, a partir de pesquisas ou da análise de documentários. Antes disso e nessa perspectiva, trago ao leitor uma obra da literatura infantil brasileira que bem ilustra os argumentos que seguem: a

---

5. Esse tema é analisado no terceiro capítulo deste livro.

6. O Pibid é um programa da Coordenação de Aperfeiçoamento de Pessoal de Nível Superior (Capes) para o aperfeiçoamento e a valorização da formação de professores para a educação básica. Este subprojeto de educação física teve duração de 18 meses, tendo como objetivo formar estudantes de licenciatura para trabalhar com temas da cultura corporal, construindo ações que considerassem as dimensões de gênero na prática educativa.

experiência esportiva de mulheres também pode ser vista como uma atuação feminista, como uma forma de reivindicar novos direitos, possibilidades e experiências ao corpo. Como afirma Margareth Rago (2013, p. 26), "os feminismos resistiram a determinadas formas de condução das condutas e promoveram novos modelos de subjetividade e novos modos de existência múltiplos e libertários para as mulheres". A prática de esportes possibilitou novas formas de existência para as mulheres, novas experiências com o corpo e com a vida pública. É um modo de negar o estigma da fragilidade feminina, de reconstruir relações entre homens e mulheres.

Leila menina, livro de autoria de Ruth Rocha (2012), conta uma história que se passa em 1968, tendo como protagonista Leila, uma menina de 8 anos. Moradora de Ipanema, no Rio de Janeiro, Leila gostava de ir à praia, onde jogava frescobol, fazia castelos na areia e jogava bola. Brincava de tudo com os meninos, com uma exceção: o futebol. "Eles diziam que futebol não era coisa de menina. E tinha mania de dizer que menina não pode isso, menina não pode aquilo... E, principalmente, menina não joga futebol." Ela e outras garotas, inspiradas pela frase de Caetano Veloso "É proibido proibir", organizaram uma passeata na escola, desfilando cartazes com esses dizeres durante um campeonato masculino de futebol. Sua mobilização provocou um rebuliço na escola, que chamou as mães das meninas para resolver a situação. O diretor justificou o fato de as meninas não terem direito a usar o campo de futebol, com a afirmação de que elas não sabiam jogar, a que uma mãe se contrapôs: "Por isso mesmo, elas deviam poder aprender." O bem-humorado desfecho da história, que também tem desdobramentos ligados ao período de ditadura militar no qual ela se passa, tem como resultado a conquista, pelas meninas, do direito a jogar futebol na escola. Com um desenho de meninas jogando futebol com um menino e com General, o cachorro de Leila, o livro encerra-se com as seguintes frases: "E hoje em dia, no século XXI, as meninas jogam em todo lugar, jogam muito bem, e jogam até nas Olimpíadas. Tudo porque um punhado de meninas resolveu lutar pelos seus direitos!"[7]

Assim, relatos, pesquisas, filmes e literatura revelam diferentes dimensões das relações de gênero em jogo no interior das práticas corporais. Na escola, a educação física é uma disciplina com características práticas, que predominantemente trabalha seus conhecimentos por meio do corpo, da aprendizagem dos gestos e das dinâmicas dos jogos ou demais conteúdos. Porém, não só os corpos estão em movimento durante as aulas de educação física. Também estão em movimento os conhecimentos cujo acesso deve ser garantido a todos os estudantes. Tais conhecimentos se modificam ao longo da história, adquirem novos contornos e características a partir de reformulações pedagógicas, mudam as relações de gênero ali em curso e em todo o campo social e são modificados por elas. Também estão em movimento as relações de gênero, que se reconfiguram ao longo do tempo ou a partir de ações específicas. Como bem ilustra a história infantil aqui descrita, movimentos sociais e a elaboração do conhecimento também reconstroem as dinâmicas de jogo e as relações que se estabelecem no interior das aulas de educação física. Assim, sob diferentes perspectivas, este livro aborda as relações de gênero ligadas à educação física escolar. O esporte, um importante conteúdo da educação física — em algumas escolas, o único —, é também o principal conteúdo escolar presente nas análises aqui desenvolvidas. Na segunda parte deste livro, porém, outros jogos e brincadeiras estão presentes, como queimada, pular corda, pega-pega e outros, alguns criados pelas próprias crianças no âmbito da cultura escolar.

A década de 1990 trouxe mudanças significativas no Brasil no que se refere a gênero, educação e educação física, seja no campo

---

7. O livro traz ainda um pequeno texto de Anna Flora, intitulado "Um pouquinho mais de história", que, com uma linguagem apropriada ao público infantil, conta sobre os movimentos sociais daquela época, os quais "quiseram aquilo que parecia ser impossível", garantindo novos direitos políticos, civis e sociais.

da pesquisa, seja das práticas escolares. Por um lado, nessa década, começaram a se consolidar estudos sobre gênero no Brasil. Por outro, mudanças em legislações e práticas abriram caminho para o fim da segregação de meninos e meninas em aulas de educação física, propiciando sua interação nessas aulas — o que, obviamente, não ocorreu sem conflitos e resistências.

A mudança na organização das aulas de educação física coincidiu com o surgimento dos estudos de gênero no Brasil. Se, antes, uma única turma precisava de dois professores, geralmente um para os meninos e outro para as meninas, agora apenas um(a) seria suficiente. Gênero foi uma ferramenta analítica importante para os debates e as intervenções em torno dessa questão.

No Brasil, foi no final da década de 1980 que, a princípio timidamente, depois de forma mais ampla, o termo "gênero" começou a ser utilizado, como lembra Guacira Louro (1997). Os estudos sobre gênero foram, aos poucos, expandindo-se nas ciências humanas. A tradução para o português, em 1990, do texto "Gênero: uma categoria útil de análise histórica", de Joan Scott (1995), publicado em inglês pela primeira vez em 1986, é um marco. Esse texto tornou-se uma referência importante e ainda atual para os estudos sobre gênero no Brasil e no mundo. Ali, gênero é conceituado como uma categoria analítica e relacional, que se articula com outras categorias, como raça, classe, geração, sexualidade, entre outras. O gênero também é pensado como uma forma de dar significado às relações de poder. Para Marlise Matos (2008), a divulgação e a expansão dos estudos de gênero atravessaram fronteiras disciplinares; gênero deixou de ser apenas uma categoria de análise para tornar-se um importante e reconhecido campo de conhecimento nas ciências humanas e sociais: eventos acadêmicos na área são organizados; grupos de pesquisa ligados a gênero e educação ou a gênero e educação física são compostos; grupos temáticos se formam dentro de eventos mais amplos; a produção de conhecimento na área intensifica-se. O impacto desse conceito também tem sido observado nas políticas públicas de educação no Brasil (Vianna, 2012; Vianna e Unbehaum, 2006).

Em 1995, diante da necessidade de conceituar gênero para a elaboração de um dicionário, Donna Haraway (2004, p. 221) afirma que "gênero é um conceito desenvolvido para contestar a naturalização da diferença sexual em múltiplos terrenos de luta". Também segundo ela, a ideia, formulada por Simone de Beauvoir, marca esse campo de pesquisa que hoje entendemos como gênero: "Não nascemos mulheres, tornamo-nos mulheres." Essa frase, escrita por Simone de Beauvoir em 1941 no livro *O segundo sexo*, exerceu forte influência no movimento feminista a partir da década de 1960, bem como no que mais tarde veio a ser compreendido como estudos de gênero. *Os estudos de gênero desafiam* a noção de que a biologia é a única determinante na construção dos femininos e dos masculinos, ou seja, *questionam a ideia de que exista* uma "essência feminina" e uma "essência masculina". Considerando que "não se nasce mulher", mas, antes, "torna-se mulher", podemos pensar nos inúmeros processos de aprendizagem e repetição de movimentos, posturas, expressões, sentimentos etc., que, ao longo da vida, produzem homens e mulheres, o que possibilita também pensar a diversidade de construções de femininos e masculinos. Assim confirma Goellner (2013, p. 25): "Os corpos fazem-se femininos e masculinos na cultura, e essas representações, apesar de serem sempre transitórias, marcam nossa pele, nossos gestos, nossos músculos, nossa sensibilidade e nossa movimentação."

De modo semelhante, assevera Baubérot (2013, p. 189):

não se nasce viril, torna-se viril: nenhum destino biológico, psíquico, econômico é capaz de definir a forma que assume dentro da sociedade o macho humano; é o conjunto da civilização que elabora esse produto intermediário entre o homem e o super-homem que chamamos viril.

Não restam dúvidas de que os esportes, a educação física e a escola compõem esse conjunto.

Na educação física, pesquisas que adotaram explicitamente a categoria gênero nas suas análises surgiram em meados da década de 1990. Havia, antes disso, pesquisas — uma delas de Neíse Abreu (1990) — que se aproximaram do que hoje entendemos como gênero, sobre mulher ou, mesmo, sobre turmas mistas de educação física e coeducação, mas ainda sem operar com o conceito de gênero. Um importante estudo sobre gênero e educação física que, de alguma forma, inaugurou as pesquisas com este conceito é a tese de doutorado de Eustáquia Salvadora de Sousa (1994): *Meninos, à marcha! Meninas, à sombra! A história da educação física em Belo Horizonte (1897-1994)*. Trata-se de uma pesquisa histórica que utiliza o gênero como categoria de análise para refletir sobre a história da educação física escolar no município de Belo Horizonte, a qual é marcada pela segregação de meninas e meninos, homens e mulheres. A realização dessa pesquisa em uma faculdade de educação é exemplo do quanto o desenvolvimento dos estudos de gênero no Brasil na educação física está ligado à área de Educação. Tal importância também é observada na produção brasileira sobre juventude, gênero e sexualidade. Pesquisa coordenada por Marília Sposito sobre o estado da arte dos estudos sobre juventude na pós-graduação brasileira mostra estar na educação a maior quantidade de pesquisas sobre jovens, gênero e sexualidade produzidas no Brasil, embora as ciências sociais sejam a área em que elas estão mais consolidadas, o que pode ser visto pelo maior número de teses de doutorado e pesquisas de grande porte (Sposito, 2009).

Tema que motivou a produção de inúmeras pesquisas sobre gênero na educação física foi o fim da separação de meninos e meninas para a realização de aulas dessa disciplina em escolas. À medida que as aulas de educação física foram se tornando mistas, a partir da década de 1990 — principalmente nas redes públicas de ensino —, um intenso debate surgiu entre professores(as), dirigentes de ensino e pesquisadoras(es). Tal mudança também motivou a produção científica na área, com pesquisas analisando vantagens e desvantagens, conflitos e desafios do novo sistema. O estudo de Mauro Louzada, Sebastião Votre e Fabiano Devide (2007) destaca que as pesquisas sobre aulas mistas de educação física, realizadas entre 1990 e 2005, foram produzidas num contexto acadêmico extremamente favorável a esse tipo de aula, e, com exceção de um trabalho, que considera a possibilidade de variação nas formas de organização de estudantes por sexo, todos os outros defendem explícita e invariavelmente as aulas mistas. Essa postura acadêmica favorável à união de meninos e meninas nas aulas de educação física não coincide com os dilemas enfrentados dentro das escolas. Em outra pesquisa, diferenças de desempenho de meninas e meninos nas práticas corporais foram apontadas por docentes como a principal fonte de conflitos em aula e foram o aspecto mais considerado durante o planejamento. Por outro lado, aulas mistas também podem problematizar concepções estereotipadas de feminino e de masculino, mostrando que nem todos os meninos se identificam com esportes e jogos coletivos e que meninas também sabem e gostam de jogar (Altmann et al., 2011).

No entanto, durante muito tempo, e em algumas instituições de ensino ainda hoje, meninos e meninas foram separados para a realização de aulas de educação física. O caráter prático da disciplina, o fato de ela lidar com o corpo, compreendido a partir de sua perspectiva biológica, a organização feminina e masculina da maioria das competições esportivas e as diferenças de habilidade entre meninos e meninas têm justificado sua separação nessas aulas. No entanto, historicamente essa separação precede a hegemonia do esporte como conteúdo curricular da educação física escolar. Além disso, os estudos sobre gênero têm problematizado o caráter natural e biológico dos corpos e das diferenças entre homens e mulheres. Seria um engano pensar que o corpo é apenas regido por leis fisiológicas que escapam da história e da cultura. O corpo e as relações de gênero são socialmente produzidos também dentro dos currículos escolares.

Embora não seja o único, gênero é um importante marcador social de diferenças nas aulas de educação física. São muitos os desafios de gênero presentes na escola, quando esta se propõe a trabalhar conjuntamente com meninos e meninas, e as aulas de educação física constituem um espaço privilegiado para vivenciá-los. Tais desafios dizem respeito a práticas de significação e relações de poder presentes, entre outros, nos currículos escolares e de formação profissional. Unir meninos e meninas em uma mesma aula de educação física não põe fim a nenhum conflito; ao contrário, em alguns casos, pode torná-los mais evidentes. A organização de turmas mistas, porém, sinaliza que não apenas diferenças sexuais são importantes para uma aula de educação física; as turmas mistas rompem com uma divisão polarizada e única entre feminino e masculino, considerando variações de gênero e sexualidade, diluindo fronteiras e permitindo seu cruzamento.

O livro *Educação física escolar: relações de gênero em jogo* é representativo das pesquisas que venho desenvolvendo há quase duas décadas. Ele está dividido em duas partes. A primeira resulta de estudos realizados no Grupo de Pesquisa Corpo e Educação, da Faculdade de Educação Física da Unicamp. O diálogo com pesquisas desenvolvidas por outras integrantes do grupo está presente nesses textos, representativos de uma produção de conhecimento que se dá, também, de forma coletiva.

A segunda parte traz três capítulos oriundos de minha dissertação de mestrado defendida em 1998, revisados e atualizados para esta publicação, considerando, sobretudo, a atualidade das questões ali trabalhadas e o fato de essa obra nunca ter sido publicada de forma conjunta, na íntegra, e no formato de livro. As descrições aqui apresentadas são também um registro histórico das relações de gênero vividas na escola naquele momento. Também cabe observar que a professora de educação física, cujas aulas foram pesquisadas, era extremamente comprometida pedagogicamente, com uma postura, pode-se dizer, de vanguarda no que se refere à interação de meninos e meninas, uma constante em suas aulas. Dilemas enfrentados por meninos ao jogar com meninas, as diferentes estratégias de negociação adotadas por eles e elas são aspectos ali analisados.

Assim, é nesse contexto de produção de conhecimento e diante desses desafios que se insere este livro. Como as relações de gênero atravessam as práticas pedagógicas de educação física e as experiências de meninos e meninas dentro dessas aulas? Que desafios a realização de megaeventos esportivos no Brasil imprime à educação física, no que se refere às suas responsabilidades pedagógicas e às dimensões de gênero? De que forma esportes e jogos podem propiciar o cruzamento de fronteiras de gênero na escola? De que maneira uma educação corporal diferenciada por gênero está disseminada na vida social, exercendo seus impactos também dentro das práticas corporais? Que relações de poder atravessam as experiências de jogo e a ocupação dos espaços escolares? Essas são algumas das questões com as quais este livro dialoga e que tenta responder.

PARTE I

Gênero, esportes e educação física

1

Educação esportiva de mulheres no Brasil contemporâneo:

ampliar as possibilidades do corpo*

Ao longo da história, mulheres conquistaram o direito à prática de esportes. Sua luta política, que percorre o século XX e estende-se até nossos dias, concretiza-se pelo corpo, pelo movimento, pelos gestos. O domínio de habilidades específicas, a aquisição de noções técnicas e táticas, a busca de um melhor desempenho, a disposição para a competitividade, entre outros, possibilitam uma atuação plena e prazerosa neste campo. Tornar tais aprendizagens e experiências igualmente acessíveis a homens e mulheres é um grande desafio para a educação física brasileira atualmente.

A vivência do esporte e a educação do corpo que a precede e lhe é concomitante têm início na infância e ocorrem de modo significativamente distinto para meninos e meninas brasileiros. Os incentivos e os campos de possibilidades oferecidos a eles são mais

---

* Palestra apresentada no Instituto Latino-Americano da Freie Universität de Berlim, Alemanha, em 12 de setembro de 2013.

amplos e adequados às exigências esportivas, quando comparados aos que se disponibilizam às meninas.

Se tais desigualdades são produzidas em ações educativas voltadas aos esportes, também o são em muitas outras dimensões da vida social. Neste capítulo, a sutil disseminação de uma educação corporal diferenciada por gênero na vida social será demonstrada pela análise de propagandas de calçados infantis. Tal escolha se deve não somente ao fato de calçados serem imprescindíveis para grande parte dos esportes, mas também porque nessas propagandas se divulgam mensagens sobre o corpo e o movimento extremamente diferenciadas por gênero. Posteriormente, serão focadas aulas de educação física a partir de pesquisas realizadas no interior de escolas brasileiras. Concluirei meu argumento trazendo para o debate conquistas de mulheres atletas, demonstrando que a construção de maior igualdade de gênero nesse campo carece de investimentos mais positivos na educação corporal e esportiva de meninas e mulheres. O apreço pelo esporte e o sucesso dentro dele — aspectos inter-relacionados — dependem da valorização e da aprendizagem do gesto, da técnica, do movimento, de conhecimentos táticos, entre outros. Uma prática bem-sucedida nos esportes, seja ela educativa, de lazer ou profissional, depende, entre outros motivos, desse intenso investimento na dinamicidade, na eficiência e na competitividade do corpo. Não é a beleza do corpo que garante eficiência nos esportes, embora, na cultura brasileira, este seja um aspecto extremamente valorizado para as mulheres, inclusive nos esportes. Ao longo da história, atletas alcançaram sucesso, de um lado, pelo rompimento de normas sociais e legais que restringiam suas possibilidades esportivas e, de outro, investindo na educação do próprio corpo, tornando-o esportivamente eficiente.

1.1 Pés calçados para o movimento e para a contemplação

A educação do corpo, no que se refere à sua dimensão esportiva, inicia-se na infância, ocorrendo de inúmeras e distintas maneiras para meninos e meninas. Uma educação esportiva também se faz por meio de imagens, disseminadas na vida cotidiana em estampas de roupas, pela televisão, pela internet, pelos *outdoors*, pela mídia impressa, pelas redes sociais etc. As imagens não apenas retratam um corpo, mas também o constituem. Elas colocam em ação uma pedagogia bastante sutil e, por vezes, imperceptível do corpo e do gênero. Imagens de uma menina dançando balé e de um menino jogando futebol, por exemplo, estabelecem uma relação entre uma prática corporal específica e o gênero; elas constituem campos de possibilidades corporais distintos a eles e elas. Tais distinções estão muito presentes na cultura brasileira nas mais diversas faixas etárias, passando pelos brinquedos e pelas roupas infantis, pelo que é divulgado nas diferentes mídias, pelo que é oferecido e incentivado em termos de experiências corporais. Um conjunto bastante complexo e amplo de práticas, imagens e discursos educa para os esportes, de forma distinta e desigual, meninos e meninas, homens e mulheres.

Tais desigualdades estão presentes, por exemplo, nos calçados infantis, que, ao menos no Brasil, são extremamente diferenciados por gênero. Os calçados produzidos para meninos são mais confortáveis, mais resistentes e mais apropriados para o movimento. Aqueles produzidos para as meninas são, em grande parte, frágeis, menos resistentes e confortáveis, pois atendem, preferencialmente, a critérios estéticos: sapatos infantis com salto alto são comercializados para meninas desde o momento em que elas são capazes de dar seus primeiros passos. Não restam dúvidas de que calçados podem facilitar ou limitar brincadeiras e ações, especialmente aquelas que exigem movimentos amplos e variados. De modo semelhante, grande parte das modalidades esportivas depende da utilização de calçados apropriados, como um par de tênis.

Uma forma possível de constatar essas diferenças é através da análise de propagandas de calçados infantis, as quais permitem a observação tanto do calçado em si, quanto das imagens e discursos utilizados na sua divulgação. Redes sociais, como o Facebook, têm sido utilizadas para a comercialização e divulgação de produtos, sendo a partir de propagandas postadas no *site* de uma marca de calçados infantis que desenvolvo meu argumento.

Nas inúmeras fotos postadas no *site* do Facebook desta empresa, entre janeiro de 2011 e julho de 2013, não foi encontrada nenhuma imagem de menina praticando esporte.[1] Raras são as imagens de meninas em movimento ou utilizando tênis. Em uma delas,[2] uma menina veste meia-calça, minissaia e um par de tênis preto e branco com cadarço cor-de-rosa. A posição das pernas, levemente flexionadas, e o cabelo preso esvoaçando indicam que ela está em movimento, saltando. Em um pano de fundo azul para a fotografia, há desenhos de cordas e jogos de amarelinha. A divulgação desta linha de tênis, *Energy Ultra*, é acompanhada do seguinte texto: "Ultrabrincadeiras. Amarelinha pulando corda. O *Energy Ultra* é tão flexível que dá pra pular amarelinha até mesmo pulando corda."

Na propaganda desta linha de tênis correlata a meninos,[3] a posição das pernas do menino também indica o movimento de um salto. No entanto, sob seus pés, há a representação de uma cidade contida na sola de um tênis, do mesmo modelo por ele calçado. Ele pula, como se o mundo estivesse aos seus pés, contido na palmilha de seu tênis. Ambos, menina e menino, estão em movimento; no entanto, enquanto ela brinca de pular corda e de amarelinha, ele parece conquistar o mundo.

As imagens postadas na página do Facebook desta empresa têm uma linguagem direcionada a mães e pais. Os calçados primam

---

1. Foram analisadas as imagens postadas na página do facebook desta empresa entre janeiro de 2011 e julho de 2013. Disponível em: <https://www.facebook.com/CalcadosBibi/photos_stream>. Acesso em: 10 ago. 2013..

2. Disponível em: <https://www.facebook.com/photo.php?fbid=554599481240918&set =a.211251442242392.57255.200155063352030&type=3&theater>. Acesso em: 18 nov. 2014.

3. Disponível em: <https://www.facebook.com/CalcadosBibi/photos/a.211251442242392. 57255.200155063352030/553794504654749/?type=3&permPage=1>. Acesso em: 18 out. 2014.

pelo conforto e beleza, no entanto, para além destes, aspectos distintos são destacados nos sapatos destinados às meninas e aos meninos. "Os detalhes que vão fazer a diferença em todas as produções dela",[4] "Sua filha vai arrancar suspiros por onde pisa"[5] são exemplos de frases que acompanham a divulgação de calçados de meninas. Calçados para eles são divulgados com frases como: "Seu filho um passo à frente dos outros",[6] "Seu filho vai fazer sucesso por onde pisa".[7] As meninas vestem saia e vestido, usam bolsas e óculos. Eles calçam tênis e vestem roupas sociais. Os calçados são exaltados como um detalhe importante na produção estética da menina, tornando-a objeto de admiração alheia a partir de sua beleza. Por outro lado, embora os sapatos dos meninos também acompanhem sua roupa, o efeito disso seria seu "sucesso" ou estar "um passo à frente dos outros". Competitividade e inteligência estão presentes para eles também na escolha da coruja, animal que simboliza o conhecimento racional.

Em 2011, essa mesma marca de calçados lançou um tênis infantil esportivo, divulgando-o como "o primeiro tênis infantil multiatividades".[8] Embora não esteja textualmente explícito a quem se destina o tênis, tal propaganda estabelece uma nítida associação do esporte com o mundo masculino, significando-o como uma

---

4. Disponível em: <https://www.facebook.com/photo.php?fbid=609989562368576&set=a.21125144224­2392.57255.200155063352030&type=3&theater>. Acesso em: 18 out. 2014.

5. Disponível em: <https://www.facebook.com/photo.php?fbid=608356645865201&set=a.21125144224­2392.57255.200155063352030&type=3&theater>. Acesso em: 18 out. 2014.

6. Disponível em: <https://www.facebook.com/photo.php?fbid=607973805903485&set=a.21125144224­2392.57255.200155063352030&type=3&theater>. Acesso em: 18 nov. 2014.

7. Disponível em: <https://www.facebook.com/photo.php?fbid=606632766037589&set=a.21125144224­2392.57255.200155063352030&type=3&theater>. Acesso em: 18 out. 2014.

8. Essa propaganda foi publicada na Azul Magazine, revista de bordo de uma empresa aérea brasileira, em 2011. Tal calçado também foi objeto de divulgação no Facebook. Disponível em: <https://www.facebook.com/photo.php?fbid=227789653921904&set=a.2112514422­42392.57255.200155063352030&type=3&theater>; <https://www.facebook.com/photo.php­?fbid=224629137571289&set=a.21125144224 2392.57255.200155063352030&type=3&th­eater>. Acessos em: 25 jul. 2013.

experiência para meninos. Sobre um tênis gigante, de cor branca com detalhes em preto e verde, um menino, vestindo o mesmo calçado, pratica várias modalidades esportivas: tênis, vôlei, basquete, handebol, atletismo e futebol. De forma sutil, a propaganda transmite a ideia de que o calçado e os esportes são para meninos.

No Brasil, matérias sobre atletas mulheres ou equipes esportivas femininas em jornais, programas televisivos ou *sites* esportivos são muito menos frequentes do que aquelas relacionadas a atletas homens. Tamanha desigualdade tem efeitos diversos, no que diz respeito não apenas à profissionalização das atletas e à obtenção de patrocínio, mas também ao interesse e à aprendizagem esportiva. Outrossim, parte significativa das matérias na mídia brasileira sobre mulheres explora não a sua condição de atletas, mas sua beleza ou sensualidade (Altmann, 2009). Embora o sucesso no esporte dependa da habilidade, do desempenho e da eficiência de um corpo atlético, sobressai-se, em muitos momentos, uma exploração estética do corpo da mulher constituído como objeto de admiração masculina. A beleza ou uma erotização da atleta não raro são mais destacadas do que sua eficiência esportiva. A semelhança com o que expõe as propagandas de calçados infantis é evidente.

Imagens educam corpos de meninas e de meninos de maneiras distintas também no que se refere aos esportes. Considerando que a eficiência e o sucesso dentro deles não dependem de atributos estéticos, mas, de habilidades e desempenho esportivos, visibilizar mulheres a partir da sua beleza pouco contribui para a constituição do esporte como uma experiência também feminina, a ser vivenciada por meninas e mulheres.

1.2 Educação esportiva e diferenças de gênero em aulas de educação física

Aulas de educação física em escolas são um espaço importante de aprendizagem dos esportes e de outros conteúdos de educação física.[9] Para muitas crianças, ao término da infância e da adolescência, essa terá sido a única oportunidade de uma prática esportiva orientada e sistematizada. Todavia, desigualdades de gênero ali presentes ainda educam de formas distintas corpos de meninas e meninos, conforme constatam pesquisas desenvolvidas em escolas brasileiras.

Significativas diferenças de gênero foram observadas por Carolina Souza (2009) em aulas de educação física de ensino fundamental: meninos expressavam maior investimento no desempenho esportivo, enquanto parte significativa das meninas cuidava da aparência física. Tais diferenças já se manifestavam nos momentos de preparação para a aula. Certo dia, enquanto os meninos se dirigiam diretamente para a quadra e um deles vestia luvas de goleiro trazidas de casa, as meninas se preparavam para jogar futebol, passando creme nas mãos e penteando os cabelos. Durante a atuação conjunta de meninos e meninas, evidenciaram-se diferenças: elas não tinham o mesmo controle de bola e de corpo que eles, explicitando limitações diversas — entre outras, ao fazer uma parada brusca durante a corrida, com ou sem bola, ou mudar de direção. Durante as aulas, os meninos mantinham contato constante com a bola, mesmo nos momentos de fala da professora, quando aproveitavam para fazer embaixadinhas ou trocar passes discretos entre duplas.[10] Mesmo entre alunas mais comprometidas com a aula e com maior domínio de habilidades corporais, preocupações com a aparência faziam-se presentes. Certo dia, uma aluna jogava futebol munida de um espelho no

---

9. De acordo com a legislação brasileira, "a educação física é componente curricular obrigatório da educação básica" (Brasil, 1996). São considerados conteúdos da educação física: esporte, atividades rítmicas e expressivas, jogos, lutas, ginástica, capoeira. Atividades circenses e atividades junto à natureza também são mencionadas por algumas propostas curriculares como conteúdos (Brasil, 2000; Coletivo de Autores, 1992; Rio Grande do Sul, 2009; São Paulo, 2008).

10. O aproveitamento de momentos de pausa durante as aulas de educação física para realização de movimentos com ou sem a bola também foi observado por Altmann (1998) e Faria (2001).

bolso, utilizado para arrumar o cabelo em momentos de pausa no jogo (Souza, 2009).

Nos relatos anteriores, preocupações de ordem estética — arrumar o cabelo e hidratar o corpo ou desviar a atenção do jogo para se olhar no espelho — são expressas entre meninas no transcorrer da própria aula de educação física. Ainda que não seja possível uma generalização, a atenção de algumas meninas à aparência do seu corpo sobressai-se ao investimento no jogo e na aquisição de habilidades corporais para obter eficiência no esporte. A importância atribuída pelos meninos a sua atuação no esporte, expressa pelo uso de uma luva ou pelo aproveitamento dos intervalos para exercitar-se, contrasta com o menor envolvimento de meninas com as aulas e com suas deficiências em habilidades corporais básicas, como aquelas relacionadas ao deslocamento.

Situação semelhante a essa foi observada em outra pesquisa, realizada em um espaço educativo não formal e privado: uma escola de futebol (Viana, 2012). Nessa pesquisa, o gosto pelo futebol e a vontade de aprendê-lo explicava a presença da maioria das meninas e dos meninos ali. No entanto, algumas delas frequentavam a escola de futebol por razões estéticas, pois consideravam o futebol adequado para a perda de peso e para o delineamento do corpo, sobretudo, dos membros inferiores. Em alguns treinos, uma delas, cuja beleza era apreciada pelos meninos do grupo, transportava dentro da caneleira itens de maquiagem, que eram utilizados em campo, no curso do próprio treino ou jogo, para retocar a maquiagem dos cílios, olhos ou lábios.

No Brasil, jogos mistos, com meninos e meninas juntos, são mais comuns em aulas de educação física em escolas. Em instituições não formais, como escolas especializadas em diferentes modalidades esportivas, as aulas são mais frequentemente separadas. No entanto, em parte devido à menor procura por parte de meninas, nessa instituição eles e elas treinavam conjuntamente. Tal situação propiciou a análise da intervenção docente e das relações de gênero em um espaço educativo voltado exclusivamente ao futebol. Os treinos conduzidos pelo professor responsável desconsideravam as diferenças de habilidade entre jogadores e jogadoras. Embora não exclusivamente, o gênero era um marcador social de diferenças extremamente significativo no que se refere às habilidades futebolísticas. As meninas apresentavam um nível de habilidade inferior à maioria dos meninos, o que está relacionado à menor intensidade e frequência com que participam de jogos com a bola nos pés na vida social, como em casa ou na rua. Sem contemplar tais diferenças, as atividades propostas eram inspiradas em técnicas de treinamento profissional, que pouco consideravam as reais necessidades do grupo, em especial, das meninas, o que limitava sua aprendizagem. Além disso, elas eram menos incentivadas a adotar atitudes ofensivas e de liderança durante os jogos coletivos e permaneciam por menos tempo com a posse da bola. Logo, o desenvolvimento de suas habilidades individuais era mais limitado. Essa pesquisa concluiu que, semelhantemente ao que ocorre em outras esferas sociais, as oportunidades de aprendizagem nesse espaço educativo eram desiguais, sob a perspectiva de gênero, e desfavoráveis às meninas (Viana, 2012).

Em muitos aspectos, também no que se refere ao movimento e aos esportes, corpos de meninas e meninos são educados de forma distinta desde a infância, como demonstra Daniela Finco (2007). A seguinte situação de aula de educação física foi observada por Marina Mariano (2010, p. 70) em uma pesquisa em escolas de educação infantil:

Em um jogo que exigia a divisão da turma em dois times, visando à competição, meninas e meninos são posicionados em lados opostos. A professora nomeia os times como sendo o das "calcinhas" e o dos "cuecas". A professora pergunta a uma menina, que estava naquele momento no lado dos meninos, se ela é menino. Ela responde: "Eu não. Eu não uso cueca!". Durante a brincadeira, um menino passa para o lado das meninas e a professora diz que, se ele passar de novo, ela irá colocar uma calcinha nele. Ele volta rápido e diz que tira a calcinha, simulando a ação com as mãos e as pernas.

Com este jogo competitivo, cujo princípio se repetia em outras ocasiões, a professora colocava em ação uma pedagogia do gênero competitiva e polarizada. Meninas e meninos não apenas eram colocados em oposição, competindo entre si, como se construía uma noção de fronteiras intransponíveis, que impediam, ou ao menos restringiam, a aproximação entre eles e elas. Transmitia-se a ideia de que o contato de meninos e meninas levaria à "contaminação", aproximando o menino do feminino, como pelo uso de uma calcinha.

Em outro momento da mesma pesquisa, a seguinte sequência de falas por parte da professora foi observada durante um jogo de queimada,[11] em que novamente meninos e meninas competiam em equipes opostas. Dirigindo-se às meninas, a professora afirma: *"Vocês têm que tentar pegar a bola, vocês estão bobeando e os meninos estão ganhando!"* Em seguida, incentiva os meninos: *"Vamos, vocês estão ganhando!"* Diante de certa distração e conversa das meninas, ela intervém: *"Meninas, se vocês ficarem aí só conversando, os meninos vão ganhar! Que fofoqueiras!"* Enquanto um novo incentivo é dado aos meninos — *"Queima elas! Vocês vão ganhar!"* —, a dúvida é novamente colocada diante das meninas: *"Será que vocês conseguem queimar alguém?".* Com a vitória da equipe de meninos, a professora comemora: *"E os meninos ganharam! Eles foram muito espertos! E as meninas, coitadinhas, bobearam!"* (Mariano, 2010, p. 74-5).

Analisando a sequência de falas docentes, nota-se que a professora é bastante assertiva ao se referir aos meninos, expressando confiança tanto no seu desempenho quanto na sua premente vitó-

---

11. A queimada é um jogo bastante popular no Brasil, especialmente dentro de escolas, conhecido por nomenclaturas diversas em diferentes regiões do Brasil. Embora existam pequenas variações nas formas de jogar, no geral, os participantes são divididos em dois grupos iguais, ficando cada grupo de um lado da quadra, e um integrante do grupo no fundo oposto da quadra. O objetivo do jogo é "queimar" os integrantes da equipe adversária, ou seja, acertar a bola em alguma parte do corpo, exceto as mãos, antes que ela toque o solo. Quem é atingido, passa a ocupar o chamado "cemitério", região no fundo e nas laterais da quadra, de onde também é possível queimar os adversários, atingindo-os com a bola. Quem está em quadra, pode pegar a bola para contra-atacar algum adversário. Se não conseguir segurá-la, terá sido "queimado".

ria. Embora o que é dito às meninas aparente a intenção de incentivá-las no jogo, são falas que demarcam sua ação pela dúvida. Não são feitos elogios à sua atuação, que tampouco é adjetivada de forma positiva. Ao contrário de expressar e transmitir segurança, duvida-se de suas capacidades e habilidades. Cabe questionar se essas dúvidas em relação às meninas não seriam produtoras do que elas se propunham a revelar. Tais discursos e práticas não estariam, eles mesmos, contribuindo para tornar meninas menos propensas à experiência esportiva?

As situações aqui comentadas, incluindo as imagens e as aulas, não seriam formas de educar de modo distinto os corpos, tornando os garotos mais habilidosos e as garotas menos capazes para os esportes? Não estaria tudo isso relacionado às dificuldades pedagógicas enfrentadas por professores(as), como aquelas relacionadas a diferenças de habilidade, de interesse e de participação em aulas de educação física?

Em outras pesquisas desenvolvidas no ensino fundamental, Juliana Fagundes Jacó (2008, 2012) e Rogério Oliveira (2010) observaram uma menor participação de meninas em aulas de educação física. Elas eram maioria entre aqueles que ficavam na arquibancada ou na beira da quadra, sem realizar a parte prática da aula. Ainda assim, Jacó (2012) também constatou que a participação em aula era mais complexa do que o binômio participar *versus* não participar, pois nem todos(as) que estavam em quadra participavam de forma efetiva do proposto. Enquanto algumas pessoas adotavam posturas ativas, posicionando-se adequadamente em quadra, indo ao encontro da bola, dominando-a etc., outras, embora entrassem em quadra, não entravam no jogo ou o faziam de forma bastante limitada, sem atuar de modo efetivo. Havia ainda aquelas pessoas que se negavam a participar e aquelas que transitavam entre essas diferentes formas de participação.[12] O importante aqui é destacar

---

12. A autora utiliza os seguintes termos para classificar essas diferentes formas de participação: "protagonistas", "figurantes", "flutuantes" e "excluídos(as)" (Jacó, 2012).

que aqueles que se excluem ou apenas ocupam um espaço em quadra sem uma atuação expressiva não obtêm uma aprendizagem significativa dos conteúdos da educação física, não educam seus corpos de modo a capacitá-los a essas experiências, não adquirem gosto pelas práticas corporais. Na pesquisa realizada por Jacó (2012), as meninas eram maioria nessa situação.

Também outras pesquisas têm mostrado uma relação entre habilidade esportiva, gênero e esportes (Altmann, 1998; Daolio, 1995; Uchoga, 2012). Adquirir habilidades corporais e esportivas é fundamental para que a prática se efetive e seja apreciada. Tornar-se protagonista em algum esporte é indispensável para seu aprendizado, o que, por sua vez, irá reforçar e ampliar as experiências a ele relacionadas.

Se considerarmos que a prática de esportes e outras práticas corporais são menos frequentes e regulares para meninas do que para meninos, podemos concluir que suas oportunidades de aprendizagem são mais restritas. Uma pesquisa desenvolvida com estudantes de ensino fundamental da região metropolitana de Campinas constatou que, enquanto meninos praticam esportes ou outra atividade física em média 3,4 dias na semana, meninas o fazem 2,6 dias (Altmann et al., 2011).

A educação esportiva do corpo não ocorre apenas em aulas, mas também em práticas informais e em outros espaços, como na rua e em parques, em atividades extracurriculares, escolas de esportes, academias, entre outros. Tais conhecimentos corporais são trazidos para as aulas de educação física, que, em alguns casos, se tornam um espaço de demonstração de habilidades previamente adquiridas e não de construção de novas aprendizagens. Desse modo, a aula de educação física perde sua função pedagógica de garantir o acesso ao conhecimento específico da área, tornando-se um espaço de demonstração de habilidades já adquiridas.

Assim, a centralidade da habilidade na experiência esportiva exige-nos resgatar o lugar da aula de educação física na escola como um espaço de aprendizagem, de educação do corpo, do gesto e do movimento. Tal qual afirma Robyne Garret (2004, p. 235):

> Um particular desafio para a educação física [é] encontrar maneiras de empoderar meninas e jovens mulheres a sentirem-se mais confiantes e habilidosas ao usarem seus corpos em vez de constrangidas por formas restritivas de padrões corporais de gênero (tradução minha).[13]

A conquista de espaço nos esportes feita por mulheres ocorre por meio do corpo e das suas habilidades e não pela beleza ou pela erotização, como tem sido, por vezes, explorado e constrangido o corpo da mulher. O que efetivamente se sobressai nos esportes é um corpo forte, hábil, resistente, eficiente — enfim, um corpo de atleta.

1.3 Enfrentando restrições sociais por meio do corpo e dos esportes

Restrições e proibições voltadas às mulheres compõem a história dos esportes modernos. Em 1896, na primeira edição dos Jogos Olímpicos da Era Moderna, as mulheres puderam participar apenas como espectadoras. O barão Pierre de Cobertin, idealizador dos jogos, não concordava que elas competissem, opondo-se a outros membros do Comitê que, já naquela época, defendiam o direito das mulheres de participar. A desaprovação da participação das mulheres em competições esportivas sustentava-se em argumentos baseados na fragilidade feminina, na ideia de que os esportes poderiam machucá-las, masculinizá-las ou comprometer suas funções reprodutiva e materna.

---

13. Tradução de: "*A particular challenge to physical education [is] to find ways to empower girls and young women so that they feel confident and skilled in using bodies rather than constrained by restrictive forms of gendered embodiment*".

Uma legislação brasileira de 1941 não permitia que mulheres praticassem esportes "incompatíveis com sua natureza", embora não explicitasse quais eles seriam (Brasil, 1941). Já em 1965 — período em que vigorou uma ditadura militar no Brasil —, "a prática de lutas de qualquer natureza, futebol, futebol de salão, futebol de praia, polo aquático, rugby, halterofilismo" foi proibida (Brasil, 1965; Castellani Filho, 1988; Rosemberg, 1995). Apenas em 1979 deixaram de existir legislações que proibissem a prática de determinadas modalidades por mulheres.

Não obstante seus efeitos limitadores, tais proibições nunca conseguiram excluir completamente essa prática. A necessidade de criar legislações restritivas para a prática de determinados esportes pelas mulheres é um indício do seu interesse por essas modalidades. Sua presença nos esportes e em outras práticas corporais tem sido destacada por diversas pesquisas (Devide, 2005; Farias, 2011; Figueira, 2008; Goellner, 2005; Moura, 2003; Souza e Mourão, 2011; Souza Jr., 2013; Valporto, 2006).

O próprio futebol — o mais popular esporte do país, proibido para mulheres até 1979 — foi por elas praticado em várias épocas, em diferentes locais, despertando atenção do público.

Se o impedimento era imposto através dos instrumentos legais, essa nunca foi uma atividade que as mulheres deliberadamente se esquivaram. Mesmo considerado excêntrico, curioso ou mesmo marginal, o futebol desenvolveu seu espaço e sua magia no universo feminino (Moraes, 2012, p. 23).

Osmar Souza Jr. (2013) constatou que a apropriação do futebol como projeto profissional e de vida possibilitou a atletas o empoderamento a partir do esporte, fazendo com que as mulheres se apropriassem de seu corpo para si, relativizando amarras estabelecidas pelo campo.

Assim, mulheres têm contestado convenções e legislações, têm desafiado dúvidas que as assujeitam, contradizendo certa percepção de seus corpos como menos capazes, menos hábeis corporalmente.

Esse processo é feito por meio de seus próprios corpos, tornando-os aptos para as práticas corporais.

Tal foi a estratégia adotada por jogadoras de futsal de países sul-americanos. Em uma pesquisa desenvolvida em 2009, a totalidade das atletas das seleções nacionais entrevistadas começou a jogar futebol na companhia de homens, no geral, crianças como elas. Conquistaram direito e espaço para jogar com eles, mostrando-se habilidosas com a bola nos pés e, de excluídas, passaram a ser objeto de disputa nas equipes (Altmann e Reis, 2013). São palavras de uma jogadora brasileira de 25 anos:

> No começo eles não queriam deixar: eles falavam "menina não sabe jogar", e isso e aquilo. Mas depois que eles me deixaram jogar a primeira vez, eu sempre fui a primeira a ser escolhida no time. Eles sempre queriam que eu estivesse no time deles (Altmann e Reis, 2013, p. 216).

As primeiras experiências futebolísticas dessas mulheres sul-americanas ocorreram de forma autônoma e informal, sem incentivos externos e sem acesso a uma ação educativa sistematizada. Além de dominar habilidades futebolísticas, também precisaram enfrentar barreiras sociais que relacionam ao masculino o futebol e aquelas que o praticam. O incentivo de pessoas adultas, predominantemente pais, deu-se posteriormente, após o reconhecimento da sua potencialidade esportiva.

Outrossim, a experiência esportiva junto com homens foi destacada como positiva, seja no que se refere à aquisição de habilidades técnico-táticas, seja no que diz respeito à aprendizagem da superação da dor, dos conflitos e das dificuldades do jogo. Sua socialização com meninos pelo futebol distanciava-as da fragilidade em campo, educando-as para a força e para a competitividade, qualidades importantes para a atuação nesse esporte (Altmann e Reis, 2013).

No começo da carreira, Aida dos Santos competia no atletismo a contragosto do pai, para quem esporte era coisa de "vagabundo":

"pobre tem que trabalhar para ajudar o sustento da família" (Valporto, 2006, p. 52). No entanto, seus excelentes índices despertaram interesse dos clubes cariocas e, persistente, quando parou de estudar, voltou a treinar, conciliando trabalho e treinos. Apesar da absoluta falta de apoio do Comitê Brasileiro na época, sendo a única mulher integrante daquela delegação, competindo sem sapatos apropriados, sem uniforme para o desfile, sem técnico, sozinha na vila olímpica e nas pistas, obteve o melhor resultado brasileiro nos Jogos Olímpicos de 1964, saltando 1,74 m, recorde sul-americano, quarto lugar no salto em altura. Durante 32 anos, este foi o melhor resultado olímpico feminino brasileiro, até que Jacqueline Louise Cruz Silva e Sandra Pires conquistaram, em 1996, no vôlei de praia, a medalha olímpica feminina.

Maria Lenk, Benedicta Sousa de Oliveira, Elisabeth Clara Muller, Gertrud Ida Morg, Lucila Pini, Melânia Luz dos Santos, Helena Cardoso Menezes, Mary Dalva Proença, Wanda dos Santos, Aida dos Santos foram pioneiros do esporte olímpico brasileiro. Além delas, "muitas mulheres trilharam caminhos que, de um modo ou outro, contribuíram para a edificação do esporte nacional. Mulheres anônimas e desconhecidas, no entanto, não menos imprescindíveis" (Goellner, 2011, p. 5).

Por ser emblemática do argumento desenvolvido ao longo deste capítulo, resgato, para finalizá-lo, a experiência da corredora norte-americana Kathrine Switzer, que, em 1967, tornou-se a primeira mulher a correr a Maratona de Boston, uma corrida de rua internacionalmente importante desde aquela época. Após ter-se inscrito em uma prova exclusiva para homens, teve sua presença percebida no curso da corrida, despertando admiração e aplausos de uns, repulsa e indignação de outros. A despeito da tentativa de um dos dirigentes de retirá-la da prova e graças à proteção e à escolta de seu técnico, de seu namorado e de outros homens que corriam no seu entorno, percorreu os 42,195 km de prova.

Completar, em 1967, uma prova que apenas em 1984 passaria a integrar oficialmente os Jogos Olímpicos modificou sua vida e a de outras mulheres do mundo esportivo. Assim descreve a própria corredora seus pensamentos a partir de determinado ponto daquela corrida:

> *Eu vou terminar essa corrida, eu preciso. Porque ninguém acredita que eu sou capaz disso. Então, de repente, eu me dei conta de que se eu não terminasse aquela corrida, todo mundo ia acreditar que as mulheres não conseguem correr maratonas, que elas não mereciam estar lá, que elas são incapazes. Eu preciso terminar essa corrida.*[14]

Kathrine Switzer conclui que aquela corrida mudou sua vida, ou seja, ela foi transformada por uma prática, por uma experiência esportiva, por uma vivência com o próprio corpo. Seu movimento político foi tornar seu corpo capaz de correr uma maratona. Foi pela demonstração de competência esportiva que ela transformou sua corrida em um evento histórico importante para a história do esporte e das mulheres.

Assim, trajetórias de mulheres bem-sucedidas como atletas reafirmam o argumento de que prática, sucesso e apreço pelos esportes passam pela educação do corpo e pela aquisição de habilidades corporais específicas. É importante não olhá-las pela dúvida, não fadá-las à incapacidade, mas atuar no sentido de torná-las habilidosas.[15] Uma pedagogia do corpo atenta às dimensões de gênero deve, portanto, produzir discursos e práticas que eduquem o corpo — seus gestos e seus movimentos —, tornando-o apto aos esportes. Entendo ser este um grande desafio para as mulheres brasileiras e para a educação física nos dias de hoje.

---

14. Tradução de: "*I'm going to finish this race: on my hands and on my knees, but I have to. Because nobody believes that I can do this. Then suddenly I realized, if I don't finish this race then everybody is going to believe women can't do it, that they don't deserve to be here and that they're incapable. I got to finish this race*". Disponível em: <http://www.5min.com/Video/Kathrine--Switzer-First-Woman-to-Enter-the-Boston-Marathon-517280189>. Acesso em: 3 out. 2012.

15. A importância educativa de tais aspectos em relação às mulheres determina que elas sejam aqui priorizadas, embora, vale dizer, tais objetivos também se refiram aos homens.

2
Megaeventos esportivos no Brasil:
desafios para a educação física escolar*

O Brasil é sede de importantes eventos esportivos mundiais, sendo os mais importantes deles, atualmente, a Copa do Mundo de Futebol, em 2014, e os Jogos Olímpicos, em 2016. Se tais eventos mobilizam investimentos milionários na construção de estádios e em infraestrutura urbana, mobilizam também a mídia esportiva, a formação e a profissionalização de atletas, o interesse e a prática de esportes, entre outros. Qual o lugar da educação física escolar nesse contexto de grande visibilidade e certo investimento esportivo?

Como argumentam Valter Bracht e Felipe Almeida (2013), em um artigo específico sobre as tensões entre tais eventos e a educação física escolar, esta não pode ignorar a realização dos megaeventos e a grande mobilização popular que eles promovem; no entanto "seu engajamento no processo não pode ser de simples adesão entusiasmada e eufórica". Afirmam:

---

* Este capítulo foi escrito a partir da palestra proferida no Fórum Permanente "Megaeventos Esportivos e Educação Física Escolar: Desafios e Possibilidades para a Escola", realizado na Unicamp em maio de 2013. Disponível em: <http://www.rtv.unicamp.br/?page_id=1049&xid=664>. Acesso em: 6 jan. 2014.

Predispor os discentes para esses megaeventos significa ampliar os seus conhecimentos sobre o fenômeno esportivo e isso envolve tanto o aprendizado dos esportes no sentido de sua prática, suas regras, suas características e lógicas internas, como a compreensão do significado cultural, político e econômico do esporte de uma maneira geral e dos megaeventos em particular (Bracht e Almeida, 2013, p. 139).

Na sociedade brasileira contemporânea, as aulas de educação física escolar são um espaço importante de acesso ao conhecimento esportivo. Para muitas crianças e jovens, esta terá sido sua única oportunidade de uma aprendizagem esportiva sistematizada e orientada. Reafirmar as aulas de educação física como espaço de aprendizagem do esporte e sobre ele é tarefa da qual as escolas não se podem furtar. No entanto, a forma de ensinar esportes difere, em muitos aspectos, da organização do esporte de espetáculo, como no que se refere à democratização e à diversificação dessa experiência. Se, por um lado, a realização de megaeventos no Brasil pode potencializar o ensino e a abordagem deste conhecimento nas aulas de educação física, por outro, há de se reinventar maneiras de abordá-lo que ampliem o conhecimento de crianças e jovens a seu respeito e de torná-lo acessível a todos. Este é o argumento central a ser desenvolvido ao longo deste capítulo, o qual também será analisado a partir de uma perspectiva de gênero.

Com o intuito de abordar as relações entre o esporte espetáculo e a educação física escolar, utilizarei como referência dois documentários, os quais têm como tema o futebol. Em um deles, este esporte é praticado por homens e, em outro, por mulheres. São eles: *Futebol — um país, uma paixão*, de Arthur Fontes e João Moreira Salles, e *Deixa que eu chuto*, com roteiro e direção de Alfredo Alves. Por ser o futebol o mais popular esporte brasileiro, ele será utilizado como ponto de partida para pensar as relações entre megaeventos esportivos e a educação física escolar, bem como as relações de gênero que ali circulam.

Inicio descrevendo algumas passagens do documentário *Futebol — um país, uma paixão*, a partir das quais construo meus argumentos. Produzido em 1998, o filme conta com três episódios assim intitulados: "O sonho", "O objetivo", "Depois do jogo". Enquanto o primeiro episódio tem como foco jovens meninos desejosos de jogar futebol em nível profissional, o segundo mostra a vida de dois jogadores profissionais estabelecidos e o último aborda o que acontece ao término da carreira de jogador e a continuidade da vida. Interessa-me aqui o primeiro, "O sonho", o qual coloca em cena a vida de jovens meninos em idade escolar, que partilham o sonho de se consagrar jogadores do mais popular esporte nacional. O sonho dos meninos protagonistas deste documentário possivelmente foi partilhado por leitores(as) deste texto, assim como compôs as ambições de muitos dos atuais alunos e alunas, professores e professoras de educação física.

Os quatro principais personagens do filme são Wanderson, Fabrício, Edmilson e Jeosmar, com 15 e 16 anos na época. A história de Wanderson é retratada de forma breve, pois igualmente breve é a duração do seu sonho de ser jogador. Acompanhado de sua mãe, Wanderson viaja do Espírito Santo ao Rio de Janeiro para "tentar a sorte no Flamengo", inscrevendo-se em uma seletiva do clube que teria como objetivo selecionar jogadores talentosos para participar das equipes de base. São as famosas "peneiras". "O sonho dele é esse e eu faço o que for possível", diz a mãe, repleta de expectativas positivas em torno do futuro futebolístico do filho. Em outra passagem, afirma: "Eu acho o máximo. Se eu fosse macho eu também seria jogador de futebol e do Flamengo ainda." Sua esperança também a faz revelar: "Ele veio com tanta fé que ele vai passar que ele já trouxe o histórico escolar para se matricular e ficar de vez aqui." O projeto de futuro de Wanderson, e de sua mãe, é partilhado por uma quantidade imensa de meninos, vindos de vários lugares do Brasil. Dias depois de passarem horas em uma longa fila na sede do Flamengo, na Gávea, para fazer sua inscrição, reúnem-se no Fundão, bairro não mais tão nobre do Rio de Janeiro, para jogar futebol durante alguns minutos, sob os olhares de Mineiro, um conhecido "olheiro"[1] da região. Cada um dispõe de 30 minutos para, jogando com meninos nunca antes vistos, convencer Mineiro de que possuem talento suficiente para participar de sua equipe. A esperança de Wanderson e outros milhares de garotos logo dá lugar à tristeza, quando são dispensados. Na cena em que Wanderson é descartado, o olheiro seleciona três jogadores e afirma: *"O resto aí, infelizmente não dá."* Vinte dias mais tarde, o sonho de jogar no Flamengo também se desfaz para aqueles três meninos selecionados, quando são igualmente dispensados. Dentre 1.500 meninos inscritos na peneira naquele ano, nenhum foi aproveitado.

Os quatro meninos protagonistas deste filme provêm de famílias de baixo poder aquisitivo, que veem no futebol um futuro promissor para o filho e, quiçá, para toda a família. As histórias de Wanderson, Fabrício, Edmilsom e Jeosmar apresentam semelhanças com as histórias de sucesso de grandes ídolos esportivos: revelam grande capital futebolístico,[2] combinado com trajetórias de luta e superação. No entanto, de modo distinto daqueles, não são histórias de sucesso. Aí está o argumento central do documentário: tornar-se jogador de futebol no Brasil não é apenas uma questão de talento. Podemos relacionar tal argumento à pesquisa de Arlei Damo (2007, p. 114) sobre a formação de futebolistas no Brasil e na França. Afirma ele:

> Nenhum talento se converte em profissional sem ser atravessado pelos interesses de uma extensa quantidade de agentes que estão no seu entorno, a começar pela própria família, passando pelos torce-

---

1. Pessoa que tem a incumbência de observar treinos e jogos de adversários ou de descobrir novos talentos.

2. Esta expressão foi criada por Arlei Damo (2008, p. 141-2) para referir-se a uma "modalidade de capital corporal que compreende um leque extenso de aptidões (inatas e desenvolvidas por meio dos treinamentos), definidas segundo as exigências das performances visando o espetáculo".

dores, aqueles para quem ele deverá proporcionar o espetáculo, os críticos especializados, os próprios pares, entre tantos. Enfim, há um *jogo* que os meninos precisam *aprender a jogar*, tão importante quanto o jogo de futebol propriamente dito (grifos do autor).

Jeosmar e Edmilson têm seu talento futebolístico reconhecido por um empresário do ramo, do qual se tornam econômica e socialmente dependentes. *"São dois jogadores com quem eu pretendo ganhar muito dinheiro com eles. Um jogador de 15, 16 anos, de excelente nível técnico, ele vale hoje 500 mil dólares para frente"*, afirma Zé Mauro em determinada passagem do filme. O ingresso dos meninos em um clube depende de seu capital social, o qual alimenta as ambições dos garotos de jogar no Flamengo, na Bélgica, no Grêmio... Enquanto isso não se concretiza, aguardam. Porém, os sonhos se esvaem por razões políticas, por interesses, pela extrema seletividade desse campo esportivo, entre muitas outras razões. Assim, o documentário demonstra com presteza que sucesso no futebol, no Brasil, não depende exclusivamente de habilidade, de talento, de empenho ou de força de vontade. Embora, muitas vezes, sejam esses os critérios evocados para explicar tanto o fracasso quanto o sucesso, responsabilizando-se, assim, individualmente os sujeitos, muitos outros são igualmente — ou mais — responsáveis pela consolidação de uma trajetória de sucesso no futebol, passando pela sorte, pelas oportunidades e, principalmente, por aquilo que Bourdieu (1998) denomina de capital social, ou seja, as redes duráveis de relações mais ou menos institucionalizadas, neste caso, no campo esportivo.

Fabrício, o quarto protagonista deste documentário, é aquele cuja trajetória no futebol, embora repleta de percalços e dificuldades, vai mais longe. Após tentar em vão ingressar nas equipes do Flamengo e depois do Botafogo, consegue ser federado no São Cristóvão. *"Por serem pequenos e consequentemente menos sujeitos às ingerências de empresários e dirigentes, times como o São Cristóvão são muitas vezes o caminho mais curto para que um menino sem contatos se profissionalize. Se Fabrício tiver que dar certo, será em um lugar como esse"*, afirma o narrador. Durante seu primeiro jogo oficial pelo São Cristóvão, Fabrício tem sua perna esquerda fraturada por uma contusão. Estar federado garante-lhe um tratamento que não teria condições de financiar, não fosse essa condição. Recupera-se e volta a competir, mantendo vivo o sonho e a possibilidade de profissionalizar-se dentro do futebol.

São muitas as possíveis reflexões que poderiam ser feitas a partir deste documentário. No entanto as que aqui irei desenvolver estão organizadas dentro dos seguintes temas: (1) escola, aulas de educação física e formação de atletas?; (2) educação física: conhecimentos da cultura corporal de movimento na escola; (3) aulas de educação física e o acesso ao conhecimento; (4) gênero como um marcador social de diferenças no futebol. Uma descrição do segundo documentário será introduzida no quarto item deste capítulo.

2.1 Escola, aulas de educação física e formação de atletas?

O primeiro ponto a ser destacado refere-se ao lugar que os clubes ocupam no Brasil dentro da engrenagem esportiva. Diferentemente de outros países, como os Estados Unidos da América, que têm nas escolas e, posteriormente, nas universidades, espaços importantes de prática esportiva educativa e competitiva, no Brasil, a relação entre essas instituições é precária, e as equipes esportivas de categorias de base estão, na sua quase totalidade, ligadas a clubes sociais ou esportivos. O fato de serem instituições privadas, com interesses igualmente privados, constitui-se um obstáculo para a democratização da prática esportiva, seja ela educativa, de lazer ou de alto rendimento.[3]

---

3. Na produção de conhecimento em educação física no Brasil, encontramos várias formas de classificação das experiências esportivas: esporte de alto rendimento, participativo e educacional (Bracht e Almeida, 2013); futebol profissional, futebol bricolagem, futebol comunitário e futebol escolar (Damo, 2003, 2007).

Cabe, portanto, observar que a escola, em nenhum momento, aparece no documentário de Arthur Fontes e João Moreira Salles, anteriormente descrito. Os estudos e a escola não despontam no filme como algo presente na vida daqueles meninos, não são realidade, ao menos para dois deles, Jeosmar e Edmilson. Tendo vindo de outros estados e residindo de forma temporária e precária no Rio de Janeiro, enquanto aguardavam seu almejado aceite por algum clube, não frequentavam a escola.

Além disso, a ausência de referências à instituição escolar ao longo do documentário é também reveladora do quanto essa instituição, de forma mais ampla, e, dentro dela, as aulas de educação física não constituem espaços privilegiados para a aprendizagem e a prática competitiva desta modalidade esportiva chamada futebol, assim como de muitas outras. Situação semelhante foi encontrada em relação à prática do futebol por mulheres, em uma pesquisa desenvolvida em 2009 com atletas mulheres de delegações nacionais sul-americanas de futsal (Altmann e Reis, 2013). Foram entrevistadas 16 jogadoras de seis países: Brasil, Argentina, Bolívia, Colômbia, Peru e Uruguai. Nenhuma delas, sem exceção, localizava as aulas de educação física e a escola como tendo sido espaços importantes de aprendizagem e de prática de futebol nas suas vidas. Haviam começado a jogar de modo informal, na companhia de homens — crianças ou adultos —, sem uma intervenção pedagógica especializada e institucionalizada. Mais tarde, a partir da comprovação de suas habilidades futebolísticas, passaram a jogar em clubes. Tal contexto de iniciação futebolista de mulheres também aparece no documentário *Deixa que eu chuto*, conforme será posteriormente analisado.

Embora tanto no documentário como na pesquisa citada não haja menção à escola como um local importante para a aprendizagem esportiva, situar as aulas de educação física na base da pirâmide esportiva, responsabilizando-as pela descoberta de talentos esportivos, é associação comum. O modelo da pirâmide esportiva orientou por muitos anos o desenvolvimento da educação física escolar a partir dos anos 1970. O Programa Esporte na Escola, de

2001, criado como uma resposta ao fraco desempenho brasileiro nas Olimpíadas de Sydney, em 2000, teve como uma de suas metas a revalorização das práticas esportivas na escola, contribuindo para o futuro do esporte no país. A revelação de novos talentos esportivos era uma das consequências esperadas (Bracht e Almeida, 2003). Assim, embora a associação entre escola e esporte não seja em si novidade, tendo já sido feita em outros momentos históricos no Brasil (Bracht, 1992; Bracht e Almeida, 2013; Lucena, 2013; Soares, 1996; Taborda de Oliveira, 2012), ela pode identificar-se com a realização de megaeventos esportivos no país e com o consequente aumento das expectativas em torno da conquista de medalhas. A responsabilização da educação física escolar pela descoberta de talentos ou, mesmo, pela formação esportiva não raro é estabelecida por pessoas externas à escola, ligadas, no geral, a instituições e órgãos esportivos ou à grande imprensa. Nesse sentido, falar a partir da perspectiva da educação física escolar possibilita desconstruir essa associação, em grande medida equivocada e limitadora da prática pedagógica de educação física na escola e das próprias demandas do esporte de alto rendimento.

Historicamente, a consolidação do esporte moderno esteve sempre ligada à instituição escolar. Como afirma Ricardo Lucena (2013), ao longo da história, o esporte teve na instituição escolar um espaço de disseminação e desenvolvimento.

No século XVIII, as *public schools* inglesas — escolas reservadas à burguesia — eram espaços privilegiados para que os jogos populares assumissem novos significados sustentados pelo ideário do *fair play*. No Brasil, enquanto os exercícios ginásticos ocupavam lugar de centralidade na educação física escolar, esporte e escola seguiam percursos relativamente autônomos. No entanto, a partir de meados do século XX, articulação entre esses dois setores da vida social intensificou-se. Assim, a ampla massificação do esporte na sociedade moderna também se deu por intermédio de sua transposição didática, isto é, quando o esporte foi transformado em conhecimento a ser ensinado na escola, como asseveram Tarcisio Vago e Meily Linhales (2004).

Logo, há uma influência recíproca entre essas instituições. Não apenas a educação física na escola assumiu contornos do esporte de alto rendimento, como também o esporte assumiu "formas escolares" como estratégia de socialização desta prática, na época, ainda em consolidação. Exemplos disso são a constituição de espaços específicos para a prática e a aprendizagem de esporte na infância; as escolas de esporte (conhecidas como escolinhas); a formação de equipes por faixas etárias; a adoção de procedimentos pedagógicos que transformam as situações de aprendizagem em aulas; a presença de professores; a adaptação de materiais e espaços à faixa etária, como diminuição do campo, da quadra ou do tamanho da bola etc. Podemos, portanto, falar em processos simultâneos de escolarização do esporte e de esportivização da escola (Vago e Linhales, 2004) ou de esportivização da educação física.

No entanto, a reciprocidade dessa influência é, em muitos momentos, desprezada, dando lugar, em alguns casos, a discursos limitadores que colocam a educação física escolar em relação de subserviência à instituição esportiva, seja como área de conhecimento, seja como área de intervenção pedagógica. Afirmar que a educação física na escola tem como papel descobrir ou formar talentos esportivos é um exemplo disso. A função primeira da educação física escolar diz respeito à educação, diferentemente do esporte de alto rendimento, que, como o nome já diz, almeja resultados que dependem de uma competitividade seletiva e excludente. Ainda que o gosto pelo esporte e certa medida de talento para sua prática possam e devam ser desenvolvidos nas aulas de educação física, pensar o esporte exclusivamente a partir da lógica do alto rendimento ou do espetáculo — tal qual ele se manifesta nos megaeventos — limita seu acesso e é um modo de desconsiderar outras formas de expressão e vivência do esporte na sociedade contemporânea, conforme será abordado mais para frente.

A existência de conflitos entre o código e os princípios do modelo dominante de esporte e os códigos e os princípios da instituição escolar é também analisada por Bracht e Almeida (2013). Por ter como código central o binômio vitória-derrota, o esporte de alto rendimento tem como características a comparação de *performances* por meio de competições; a elevada seletividade; a definição clara entre vitoriosos e perdedores; especialização em modalidades, provas ou posições. Assim, enquanto o esporte de alto rendimento é uma atividade seletiva, a escola moderna segue o princípio democrático da equidade, com a função de dar, a toda a população, acesso à cultura humana. Perguntam-se os autores: "Como compatibilizar, então, uma prática que tem como regra exatamente a seletividade, a alta especialização, com o projeto de uma escola que deve democratizar o acesso à cultura?" (Bracht e Almeida, 2013, p. 136).

Além da necessária garantia de acesso ao conhecimento esportivo por todos os estudantes, as aulas de educação física necessitam ampliar o repertório de conhecimento, tanto esportivo quanto de outros conteúdos, em vez de promover a especialização em uma ou mais modalidades. Afirmam os autores que, nesse processo de "alfabetização esportiva", alunos(as) com potencial para o esporte de alto rendimento e desejo de dedicar-se a ele devem ser encaminhados a instituições específicas para desenvolvê-lo:

> O papel da Educação Física Escolar, até esse momento foi (ou deveria ser) triplo: a) proporcionar a possibilidade das aprendizagens esportivas que estimularam o aluno a praticar e desenvolver essas habilidades; b) auxiliar o aluno a compreender o fenômeno esportivo, inclusive para que ele tenha mais elementos para tomar a decisão de buscar a carreira esportiva; c) oferecer oportunidades e aprendizagens que levam a outras possibilidades de vivenciar o esporte (Bracht e Almeida, 2013, p. 137).

2.2 Educação física: conhecimentos da cultura corporal de movimento na escola

A partir da década de 1980, a educação física escolar construiu e consolidou um campo de conhecimentos que teve como objetivo, dentre outros, romper a relação de subserviência das aulas de educação física em relação à instituição esportiva (Bracht, 1999; Soares, 1996). Embora o esporte seja um importante conteúdo de educação física, aula de educação física não é sinônimo de treinamento, professores não são técnicos e alunos não são atletas. As aulas de educação física na escola são espaços de tematização de conhecimentos ligados à cultura corporal de movimento, a qual inclui os esportes, mas não se restringe a eles. Assim, evitar a chamada monocultura do esporte dentro da escola ainda é um desafio em muitas instituições.

O livro *Metodologia do ensino de educação física*, escrito por um Coletivo de Autores em 1992, é uma obra importante no Brasil, que demarca essa mudança histórica. Ali, a educação física é compreendida como área de conhecimento, e não como atividade física ou treinamento, inserindo-se na escola como uma prática pedagógica que tematiza a chamada cultura corporal, que, na delimitação proposta naquela época, compreende o jogo, o esporte, a dança, a ginástica e a capoeira (Coletivo de Autores, 1992).

Em 1996, a Lei de Diretrizes e Bases da Educação Nacional (LDB n. 9.394/96) promulgou a educação física como componente curricular obrigatório da educação básica.[4] Dois anos mais tarde, em 1998, os Parâmetros Curriculares Nacionais, embora polêmicos, consolidaram a cultura corporal de movimento como objeto de estudo da educação física na escola (Brasil, 2000). Nesse documento, os conteúdos da educação física foram assim delimitados: conhecimentos sobre o corpo, esportes, jogos, lutas, ginástica e atividades rítmicas e expressivas. Desde então,

> tornar os alunos fisicamente aptos não deve mais ser a principal finalidade dessa disciplina na escola, e sim levar os estudantes a experimentar, conhecer e apreciar diferentes práticas corporais sistematizadas, compreendendo-as como produções culturais

---

4. Ainda não presente na versão de 1996, a palavra obrigatório foi inserida na legislação em 2001, por meio da promulgação da Lei n. 10.328.

dinâmicas, diversificadas e contraditórias (Rio Grande do Sul, 2009, p. 113).

Assim, o conhecimento de um conteúdo de educação física não mais se restringe ao saber fazer, mas também inclui um saber sobre, uma capacidade de constatar, interpretar, compreender e explicar a realidade social (Coletivo de Autores, 1992).

Mais recentemente, vários estados do Brasil construíram suas propostas curriculares, nas quais os esportes dividem espaço nas grades curriculares com vários outros conteúdos. No estado de São Paulo, os eixos de conteúdos de educação física são jogo, esporte, ginástica, luta e atividade rítmica, os quais se cruzam com eixos temáticos: corpo, saúde e beleza; contemporaneidade; mídias; lazer e trabalho (São Paulo, 2008, p. 46-7). Já na proposta do Rio Grande do Sul, as práticas corporais sistematizadas a serem ensinadas na escola são: esporte, ginástica, jogo motor, lutas, práticas corporais expressivas, práticas corporais junto à natureza e atividades aquáticas (Rio Grande do Sul, 2009).

Assim, criar expectativas de que a educação física escolar seja a base da pirâmide esportiva é um equívoco e uma ilusão, dentre outros motivos, porque é responsabilidade da educação física na escola trabalhar com outros conteúdos, além do esporte. Tal tarefa seria igualmente impossível por questões quantitativas e temporais, ou seja, devido ao número de aulas na grade curricular, em relação à quantidade de conteúdo e à quantidade de estudantes por turma.

Tudo isso não impede, porém, que a prática esportiva possa ocorrer dentro da escola, inclusive com a formação de equipes em atividades extracurriculares regulares, visando também à competição. No entanto, é necessário criar estruturas concretas, contínuas e eficientes para isso, independentes das aulas de educação física em si, de ações individualizadas de um ou outro docente ou de algum projeto esporádico inserido na escola. Dentro das aulas de educação física, a experiência competitiva pode compor um processo pedagógico que, sem restringir-se a ela, tem na competição uma de suas dimensões. Com um tratamento pedagógico, competições podem integrar aulas dessa disciplina, o que é diferente de adotar constantemente, nessas aulas, a estrutura competitiva e de rendimento do esporte. Além da delimitação ampla dos conteúdos da educação física na escola analisados até aqui, há outras razões importantes que impedem um enfoque esportivo seletivo nas aulas de educação física.

2.3 Aulas de educação física e o acesso ao conhecimento

Nas sociedades fundadas em uma matriz democrática, a escola é uma forma fundamental de acesso e promoção da igualdade de direitos. Assim, qualquer prática pedagógica dentro da escola deve ser, em si mesma, democrática, vale dizer, direito de todos. O esporte — ou qualquer outro conteúdo — precisa ser abordado nas aulas de educação física, tornando a aprendizagem possível e real a todos, e não apenas apanágio dos mais habilidosos. Apesar da obviedade aparente desta afirmação, quando o esporte é trabalhado exclusivamente na perspectiva do rendimento, tal direito corre grande risco de não ser garantido. Diferentemente de outros conteúdos escolares, cuja apreensão se dá de forma mais individualizada, a prática esportiva é, na grande maioria das vezes, coletiva, dependendo de interações bastante complexas entre os praticantes. Se a busca da vitória for o único objetivo a ser alcançado, mais oportunidades serão criadas aos mais habilidosos, podendo alijar outros de uma aprendizagem corporal e esportiva efetiva. Novamente, o documentário *Futebol — um país, uma paixão* bem ilustra esta situação, em que, em nome da *performance,* do rendimento e, ali, de interesses econômicos e políticos, as oportunidades com o esporte não eram igualmente partilhadas por todos. Desse modo, tais não podem ser os princípios norteadores de uma prática pedagógica escolar de educação física.

De acordo com Vago e Linhales (2004), esporte e escola são instituições sociais distintas, que possuem lugar de centralidade no modo de organização da sociedade moderna, permeando a infância e a juventude das pessoas. Elas são socialmente valorizadas como parte do processo civilizador (Altmann e Martins, 2007; Elias e Dunning, 1992) e, no âmbito da organização histórica dos direitos sociais, os acessos à escola e ao esporte têm sido reivindicados como direitos universais.

Cabe, portanto, reafirmar a função social das aulas de educação física de garantir acesso a esse conhecimento chamado esporte. É fundamental que a escola construa formas de torná-lo acessível a todos e todas, ainda que de formas distintas, inclusive no que se refere a uma aprendizagem corporal do jogo, de gestos, técnicas e táticas esportivas.

Assim, um importante desafio para a educação física escolar, ao trabalhar com esporte, é como torná-lo um direito de todos, na medida em que, na modernidade, o esporte legitima-se com princípios seletivos, excludentes e competitivos (Vago e Linhales, 2004). Tal objetivo só pode ser atingido a partir da reinvenção de práticas esportivas dentro da escola, nas quais o esporte possa ser vivenciado de outras formas que não exclusivamente na perspectiva do rendimento.

A partir da análise de processos de apropriação cultural do esporte por pessoas e grupos que o praticam no lazer, Marco Stigger (2001) insere-se no debate brasileiro sobre o tratamento pedagógico do esporte na escola, defendendo a ideia de uma educação esportiva multicultural. O autor se opõe a uma perspectiva monocultural de conceber o esporte, presente, segundo ele, inclusive na produção de conhecimento na área. Afirma que o esporte pode se desenvolver numa perspectiva multicultural, expressando-se e manifestando-se de formas diversificadas, que vão além daquela de maior visibilidade social: o esporte de alto rendimento. Tal situação é por ele demonstrada pela análise que realizou da prática esportiva em espaços de lazer, onde o rendimento e os resultados esportivos não era o mais valorizados pelos praticantes. A vitória, por exemplo, não era colocada em evidência como um aspecto importante para classificar um dia como um bom dia de jogo. Para os praticantes, o que qualificava um dia de jogo era o jogo em si, o fato de ele ter ocorrido, a convivência com os amigos, os jogos equilibrados, o divertimento, a assiduidade dos colegas e a continuidade do grupo. As atividades eram desenvolvidas de forma que a comparação de rendimento dos participantes destinava-se a encontrar equilíbrio nos jogos e não a selecionar ou excluir participantes. Destaca Stigger (2001, p. 77):

> Mesmo que a categoria *rendimento* esteja presente nos grupos estudados (na divisão das equipes e no esforço para vencer as partidas), ela não é *central* na constituição da lógica do esporte praticado naqueles coletivos, nem um *valor* fundamental na estrutura social dos grupos: não é com base [na categoria rendimento] [...] que é avaliado o sucesso individual e dos grupos; não é através dela que é delimitada a hierarquia social no interior de cada contexto; não é a partir dela que é definido o acesso (ou não) de algum candidato à participação nas atividades (grifos do autor).

A partir desta constatação e considerando que a escola é um lugar privilegiado de transmissão de conhecimentos e hábitos historicamente construídos pelos seres humanos, Stigger aproxima-se de autores da educação física que defendem a transformação do esporte no contexto escolar, na perspectiva da sua adequação aos objetivos educacionais da escola. Ele descreve uma experiência pedagógica de ensino do esporte dentro do âmbito universitário, que teve como eixo estruturador uma pergunta que caberia ser formulada durante o ensino do esporte ou de qualquer outro conteúdo na escola. A pergunta é a seguinte: "Como alunos e alunas poderiam jogar futebol juntos e de forma agradável, tendo as mesmas oportunidades de uma aprendizagem significativa deste conteúdo de ensino?" Construir na escola uma prática pedagógica que responda a essa questão exige uma abordagem do esporte que não siga todos os princípios do esporte de alto rendimento, mas que garanta o acesso desse conhecimento a todos e todas. Tal preocupação é imprescindível no tratamento pedagógico de qualquer conhecimento dentro da instituição escolar.

Assim, a realização de megaeventos esportivos no Brasil constitui um desafio à escola: como possibilitar a aprendizagem dos esportes a sujeitos com trajetórias, conhecimentos e habilidades tão díspares em relação a eles? Será necessário, de um lado, aproveitar a visibilidade social produzida por esses eventos e, por outro, deslocar as estratégias de intervenção para objetivos que atendam a necessidades pedagógicas e democráticas de uma instituição escolar.

2.4 Gênero como um marcador social de diferenças no futebol

Uma das dimensões a partir das quais tais desafios podem ser analisados é a de gênero. A prática de esportes no Brasil é extremamente desigual, quando observada sob essa perspectiva, o que aqui será analisado dentro do futebol, contrapondo o documentário descrito no início deste capítulo, em que ser jogador de futebol é um sonho partilhado por um número imenso de meninos, com outro documentário que fala dos sonhos e das trajetórias de meninas que almejam ser jogadoras no Brasil. Segundo o diretor Alfredo Alves, o documentário *Deixa que eu chuto* "é o retrato do futebol feminino a partir de quatro mulheres brigando por um espaço nesse universo tão masculino".[5] De modo semelhante ao documentário anterior, *Deixa que eu chuto* acompanha a trajetória de mulheres que partilham a paixão pelo futebol e o desejo de viver de jogar bola. Suas narrativas, intercaladas com falas de jogadoras e ex-jogadoras da seleção brasileira de futebol — dentre outras,

---

5. Oliveira, José Geraldo. O homem que deu a voz às noivas do cordeiro. Entrevista Alfredo Alves. Revista Getúlio, São Paulo, p. 61-65, jan. 2010. Disponível em: <http://bibliotecadigital.fgv.br/dspace/bitstream/handle/10438/7008/Ed%20-%2019%20-%20Entrevista%20Alfredo%20Alves%20-%20%28Site%29.pdf?sequence=1>. Acesso em: 5 maio 2013.

Cristiane Rozeira de Souza Silva, Juliana Cabral, Marta Vieira da Silva, Maurine Dorneles Gonçalves —, tematizam suas primeiras experiências com a bola nos pés, as conquistas e os obstáculos, os projetos e os preconceitos, decorrentes da sobreposição de jogar bola e ser mulher no Brasil.

As duas narrativas cinematográficas trazidas para este capítulo permitem perceber quão distintas são as dificuldades enfrentadas por meninos e meninas na busca do sonho de profissionalizar-se no esporte. Enquanto eles enfrentam no Brasil um mercado altamente competitivo, com interesses econômicos e políticos para além dos limites do campo, elas têm, na ausência de uma estrutura esportiva para o futebol, sua maior dificuldade. Faltam times, escolas de futebol, campeonatos, calendários esportivos, apoio, patrocínio, entre outros. Em uma fala emocionada, a mundialmente consagrada jogadora Marta revela um de seus sonhos:

> *Eu estou sempre pensando em coisas novas. Cada ano que passa, eu tenho sempre um objetivo a traçar. Agora, um sonho que eu tenho assim em mente e que eu gostaria de ver há alguns anos é uma liga aqui no Brasil. Jogar também aqui. Uma boa estrutura, não só para mim, mas para que a geração que está aí em busca dos seus objetivos possa ter uma estrutura boa, coisa que a gente não teve.*[6]

Juliana Lima da Silva (Ronaldinha), Aline Benevenuto, Pâmela Alencar e Nilda Ismael do Nascimento (Nildinha) sonham ser jogadoras de futebol, sendo protagonistas de trajetórias que têm na profissionalização seu objetivo, mas na luta por oportunidades e possibilidades de jogar bola, suas ações. Suas experiências com o esporte tiveram início com meninos, assim como foi jogando entre eles que muitas participaram de seus primeiros campeonatos. A carência — de equipes, de calendários regulares de campeonatos, de patrocínio — está entre as dificuldades a serem enfrentadas.

---

6. Transcrição de fala de Marta Vieira da Silva, a partir do documentário *Deixa que eu chuto* (2003).

Nildinha, aos 37 anos, já tendo jogado em importantes clubes e na seleção brasileira, tendo conseguido criar sua filha a partir da renda obtida como jogadora, sintetiza o quão singelos são os sonhos no futebol feminino, quando comparado ao masculino: *"Olha, eu acho que realizar sonhos no futebol feminino é meio que assim: você ter uma casa própria, você viver bem. E graças a Deus o futebol feminino me deu isso. Eu não tenho o que reclamar não."*

Embora o gosto pelo futebol por parte dessas mulheres seja, por vezes, naturalizado, visto como algo inerente a elas, o investimento nesse esporte iniciou-se na infância, quando a bola era o brinquedo mais apreciado, partilhado com amigos ou irmãos. São palavras de Telma, mãe de Juliana:

> *Desde muito nova ela veio com isso, desde pequeninha. O irmão pegava, levava para o campo e ali ficava jogando bola com ela. Ela tinha 2 anos e ele já começou a rolar a bola com ela. E, nisso aí, ela veio vindo. Aí, quando chegou, ela tinha 7 para 8 anos botaram para mim: "Telma, essa menina, um dia, ela vai ter futuro. Vê uma escolinha para ela."[7]*

A partir disso, Telma não mediu esforços para sustentar e alimentar o sonho da filha. Conta que, muitas vezes, mesmo sem poder comprar comida, conseguia dinheiro emprestado para que a filha não faltasse aos treinos. Juliana esperava que, com uma carreira no futebol, pudesse ajudar a mãe a concluir sua casa, que, naquele momento, restringia-se a um único cômodo. Esse desejo de ajudar a família a ter uma condição melhor de vida também foi expresso por meninos, no documentário anterior.

O pronto envolvimento com o futebol na infância e uma história familiar ligada a ele compõem a vida de Aline, cujos pais se conheceram em um jogo de várzea:

---

7. Transcrição de fala de Telma, mãe de Juliana Lima da Silva, a partir do documentário *Deixa que eu chuto* (2003).

Minha família foi sempre muito ligada com futebol. Meu avô jogava, a minha tia jogava. Na época dela, não tinha muito futebol feminino, mas ela jogava. Meu pai continua jogando. Casou com minha mãe, trouxe minha mãe para cá e constituiu nossa família. Meu pai continua jogando aqui, então eu cresci gostando de futebol. [...] Meu pai começou a me levar no Mineirão para assistir aos jogos do Atlético. Eu me apaixonei com a torcida, apaixonei com o esporte e comecei a brincar aqui na rua com os meninos[8].

Pensar a educação física escolar a partir desse documentário significa pensar que ela pode se constituir num espaço de aprendizagem sistematizada do futebol para meninas, possibilidade essa tão pouco presente em outros locais na sociedade brasileira. Uma aula de educação física em que recorrentemente meninos jogam futebol e meninas, vôlei ou queimada reproduz a desigualdade de acesso à prática do futebol presente em outras instâncias sociais. Em vez disso, trabalhar pedagogicamente com essa modalidade com meninas amplia seus conhecimentos e habilidades, desconstrói a equivocada — e, por vezes, ainda presente — percepção de incompatibilidade entre feminilidade e futebol.

Também cabe pensar que as diferenças sociais de envolvimento e conhecimento acerca do futebol exigem um tratamento pedagógico diferenciado deste esporte. Em uma pesquisa sobre relações de gênero em uma escola de futebol, onde meninas e meninos treinavam juntos, Aline Viana (2012) demonstra que nem todos ampliavam suas habilidades e conhecimentos a partir das atividades propostas. Inspirados em técnicas de treinamento de clubes profissionais, com ênfase no ensino do gesto técnico e desconsideração de aspectos táticos e de contexto de jogo, os exercícios propostos mostravam-se pouco eficientes, pois não atendiam às necessidades concretas de cada jogador(a) a fim de qualificá-lo(a). Em momentos de jogo, a dificuldade de participação efetiva por parte das

---

8. Transcrição de fala de Aline Benevenuto, a partir do documentário *Deixa que eu chuto* (2003).

meninas e de alguns meninos era ainda maior, pois, com menos experiência de jogo; menor domínio de bola; menos estímulos por parte do professor para adotar posições e ações de liderança e de ataque, participavam de forma bastante limitada do jogo, com pouco tempo de domínio de bola, atuando mais na defesa, não cobrando faltas importantes, entre outros. Viana também analisa que aqueles(as) menos habilidosos(as), que incluíam as meninas e alguns meninos, possuíam pouca experiência informal com o esporte, como o jogo de bola na rua. Conclui a autora: "A experiência lúdica e espontânea com o futebol [...] desempenha um papel significativo na aquisição de saberes futebolísticos, melhor qualificando os indivíduos para a prática" (Viana, 2012, p. 105). Também no documentário *Deixa que eu chuto*, a experiência lúdica com o futebol, na rua com amigos e irmãos, é destacada pelas jogadoras como o local de construção e descoberta de seu talento futebolístico. Diante dele, partem em busca de oportunidades de treino e jogo sistematizados e orientados. Esse processo de iniciação esportiva também foi encontrado entre as jogadoras das seleções nacionais sul-americanas de futsal (Altmann e Reis, 2013).

Assim, o desafio de democratizar o acesso e a aprendizagem do futebol nas aulas de educação física, pensando esse esporte a partir de um megaevento exclusivamente masculino, como a Copa do Mundo, é imenso.[9]

2.5 Esporte e as *megadimensões* do conhecimento na escola

A garantia de igualdade de oportunidades sob uma perspectiva de gênero está entre os desafios da educação física escolar diante dos esportes e dos megaeventos esportivos. A possibilidade da aprendizagem do esporte é um direito de crianças e adolescentes, não necessariamente para se tornarem atletas, mas para que o esporte

---

9. A Copa do Mundo Feminina da Fifa será realizada em 2015 no Canadá.

seja uma experiência possível nas suas vidas também como forma de conhecimento, de socialização, de lazer, de divertimento ou como cada um queira significar sua relação com essa prática social. Embora os megaeventos esportivos em si não contemplem essa diversidade de possíveis experiências em torno do esporte na sua totalidade, penso que podem possibilitar algumas delas, bem como sua divulgação. Intensificar, por exemplo, a visibilidade das mulheres no esporte, atuando como atletas, técnicas, dirigentes ou árbitras, seria uma forma de contribuir para a significação da prática de esportes como uma experiência feminina, legítima e com condições mais concretas de realização.

Acredito que as potencialidades dos megaeventos esportivos para a educação física escolar dependem da capacidade de ressignificação das experiências com os esportes, tarefa a ser feita dentro da escola, na produção de conhecimento, na sistematização de reflexão, entre outros aspectos. Tais tarefas devem ser contempladas em políticas públicas educacionais e assumidas como responsabilidade de professoras e professores que atuam em escolas e universidades.

PARTE II

Gênero e educação física escolar

Os próximos três capítulos deste livro estão baseados em uma pesquisa desenvolvida em uma escola municipal de ensino fundamental de Belo Horizonte.[1] O objetivo da pesquisa foi buscar no cotidiano escolar respostas à seguinte pergunta: *Como alunas e alunos constroem as relações de gênero nas aulas de educação física?*[2] Entre março e setembro de 1997 foi realizada uma pesquisa etnográfica na escola, com observações diárias das aulas de quatro turmas da antiga quinta série (atual sexto ano), incluindo crianças de 11 a 15 anos de idade. Além das aulas de educação física, foram observados os Jogos Olímpicos Escolares, realizados ao longo de uma semana, recreios, festas, algumas aulas de outras disciplinas, conselho de classe e reuniões de professores e professoras.

As aulas de educação física ocorriam nas duas quadras poliesportivas externas ou no ginásio e na quadra para queimada, que ficava ao lado. As quadras poliesportivas, mais conhecidas como quadras de futebol, ficavam um pouco afastadas dos prédios; ao lado de uma delas, havia um barranco cimentado e, do outro, uma arquibancada.

As observações foram registradas em um diário de campo, num primeiro momento de maneira sucinta, para depois serem detalhadamente transcritas. Foram realizadas entrevistas com a

---

1. Do texto resultante desta pesquisa, foram extraídos trechos com relatos oriundos dos diários de campo que descrevem situações observadas no cotidiano escolar. Elas estão transcritas nesta parte do livro com letra *Garamond*, tamanho 11. Foi mantida a ortografia original da época em que a pesquisa foi apresentada e defendida (Altmann, 1998).

2. Pesquisa financiada pela Coordenação de Aperfeiçoamento de Pessoal de Nível Superior (Capes).

professora de educação física das turmas, com o coordenador de turno e com estudantes. Estes foram entrevistados em pequenos grupos, totalizando 15 entrevistas, envolvendo 62 entrevistados. A formação dos grupos foi variada: cinco grupos foram só de meninas; quatro, só de meninos; e seis, de meninas e meninos. A estratégia adotada foi solicitar a entrevista a uma ou duas crianças, e elas mesmas montavam o grupo a ser entrevistado. As entrevistas foram transcritas na íntegra e posteriormente analisadas.

Os resultados da pesquisa, apresentados nos capítulos a seguir, estão organizados em três eixos: a ocupação do espaço físico escolar, a exclusão nos esportes e o cruzamento de fronteiras de gênero e da sexualidade na escola.

3

Marias [e] homens nas quadras:
sobre a ocupação do espaço físico escolar*

Um toque ensurdecedor de sirene anunciava o início do dia letivo. Em breve as portas das salas de aula se abririam aos estudantes, e as conversas, as brincadeiras ou os jogos teriam de ser deixados para depois. Àqueles que teriam aula de educação física, ainda restava algum tempo livre, durante o qual haviam sido instruídos a aguardar pela professora, sentados nas escadas do pátio; eu me acomodava entre eles, aproveitando o tempo para observá-los ou conversar com alguém. Enquanto as meninas, na sua maioria, aguardavam sentadas, conversando, vários meninos exercitavam movimentos de capoeira, simulavam brigas, improvisavam algum jogo.

Este breve relato sobre o início de um dia letivo mostra uma ocupação generefificada do espaço físico em uma escola.

* Versão revisada e atualizada de artigo originalmente publicado na revista *Educação e Realidade*: Altmann, Helena. Marias [e] homens nas quadras: sobre a ocupação do espaço físico escolar (Educação e Realidade, Porto Alegre, v. 24, n. 2, p. 157-74, 1999).

3.1 Ocupação genereficada dos espaços

Com a abertura da porta do ginásio, uma cena semelhante à já descrita se repetia: meninas sentadas aguardando o início da aula, meninos correndo, chutando um ao outro, jogando futebol... O início das atividades era precedido de uma conversa entre a professora e os estudantes, a qual, por sua vez, era precedida de nova espera. No transcorrer das aulas, outras esperas se repetiam sempre que houvesse necessidade de reunir a turma para alguma instrução, discussão ou repreensão. Ficar parado parecia algo extremamente difícil para os meninos, que nem mesmo sentados deixavam de se movimentar, arrastando-se pelo chão para trocar chutinhos e tapas. Na escola, os locais de difícil acesso eram mais frequentados por meninos do que por meninas. Certa vez, a turma jogava vôlei no ginásio quando a bola ficou presa no alto de uma tela, sendo possível pegá-la só com a ajuda de uma escada. Ninguém parecia muito preocupado em reiniciar o jogo, pois o resgate da bola estava sendo deveras animado: meninos e meninas ajudaram a professora a carregar a escada, fizeram torcida para quem a subiu e vibraram quando a bola foi recuperada. O herói da história foi um menino.

Durante os recreios, a ocupação do espaço físico nas quadras esportivas era diferenciada por gênero: nas de queimada, meninos e meninas jogavam juntos e, nas duas quadras poliesportivas, meninos jogavam futebol.

Outras pesquisas sobre gênero corroboram essas observações de que meninos ocupam, na escola, espaços mais amplos do que meninas. Por meio de uma pesquisa etnográfica que analisou as relações de gênero durante o recreio de uma escola, Ileana Wenetz (2005) constatou que, embora a ocupação de espaços não seja fixa, pois existem negociações, conflitos e reapropriações, meninos geralmente ocupavam espaços mais amplos que as meninas. Um mapa ou uma "geografia de gêneros" eram observados no pátio escolar: meninos adolescentes ocupavam as quadras esportivas, jogando futebol, enquanto elas ficavam em espaços menores ou praticavam vôlei. Meninos mais novos brincavam de futebol ou luta e meninas, de pular corda, elástico ou pega-pega. A autora conclui que havia uma negociação/imposição dos espaços segundo a hierarquia presente.

Barrie Thorne (1993) pesquisou o pátio de escolas fundamentais norte-americanas e constatou que meninos ocupavam dez vezes mais espaço do que meninas nos recreios da escola; e, enquanto eles controlavam espaços maiores e principalmente destinados a esportes coletivos, elas permaneciam em espaços menores e mais próximos ao prédio, obtendo, assim, a proteção dos adultos. Além de ocuparem mais espaço, meninos invadiam e interrompiam os jogos femininos mais frequentemente do que elas interferiam nos jogos masculinos.

Numa pesquisa em escolas elementares inglesas, Elisabeth Grugeon (1995) registrou o domínio masculino do espaço físico durante os recreios, o qual ocorria principalmente em função do futebol. A autora estudou a cultura do pátio escolar a partir de canções infantis, buscando entender em que medida os jogos musicados das meninas capacitavam-nas a enfrentar ou reforçar os estereótipos de gênero. A autora afirma que as letras das canções eram um meio pacífico de revanche à dominação masculina do espaço físico.

Por intermédio de estudo em uma escola primária de Belo Horizonte, Tarcísio Vago (1993) também observou que as meninas restringiam suas ações ao pátio central, enquanto os meninos usufruíam de outros espaços, dentre eles uma área cimentada onde jogavam futebol todos os dias, improvisando as goleiras e a bola com pedras e, até mesmo, garrafas vazias de álcool. Ele afirma que a intensidade de movimentos dos meninos na escola era consideravelmente maior do que a das meninas.

Nádia, aluna da escola que pesquisei, contou sobre a divisão da quadra nas aulas de educação física em sua escola anterior:

Na segunda, eram os homens que jogavam a aula inteira futebol e, na quarta, era a gente que jogava a aula inteira [...]. Quando a minha professora de educação física faltava, os meninos faziam sacanagem com a gente. Às segundas e quartas, eles jogavam futebol. Aí, para nós não deixarmos batido, nós pegávamos corda e pulávamos lá no meio, começávamos a avacalhar.[1]

Há algo em comum nesses relatos: o esporte é um meio de os meninos exercerem domínio de espaço na escola. Percebe-se ainda que as meninas resistiam à dominação masculina por meio de outras atividades que não as esportivas, como jogos musicados, pular corda. Assim, elas conquistavam espaço na quadra ou no pátio recorrendo a outras atividades, sem jogar futebol, o que se explica pelo fato de o esporte — e mais especificamente o futebol — ser um espaço masculino na escola.

3.2 Esporte: um espaço viril

Nos Jogos Olímpicos Escolares as turmas de 5ª série participaram de futebol, voleibol, queimada, cabo de guerra, xadrez e jogo de prego. Todas as equipes eram mistas, com exceção das de futebol, jogado separadamente por meninos e meninas. Cada uma das equipes tinha seu capitão; capitãs, só no futebol feminino. A atuação destas, porém, era restrita, pois um menino da turma, a quem era atribuída a função de técnico, organizava a equipe.

Os árbitros dos jogos também eram homens: estudantes mais velhos, do turno da tarde — 7ª e 8ª séries — ou ex-alunos da escola. Apenas uma menina participou das arbitragens, como mesária nos jogos de vôlei.

Todos os cargos de comando eram ocupados por meninos, e a única menina que participou das arbitragens foi mesária, cargo hierarquicamente inferior ao do árbitro de campo. Meninas somente

---

1. Com a preocupação de clarear a leitura das transcrições de entrevistas e com o cuidado de não mudar seu conteúdo, foram corrigidos erros de português e de concordância verbal corriqueiros na linguagem oral; os colchetes foram usados para substituir trechos omitidos [...] e para indicar palavras inseridas; comentários que não fazem parte da fala da pessoa estão entre chaves { }.

eram capitás nas equipes femininas e, ainda assim, esta função era subalterna à do técnico, que era um menino.

Cada turma era representada por uma cor, e meninas e meninos, fossem integrantes dos times ou das torcidas, andavam uniformizados com camisetas coloridas; algumas tinham desenhos e o nome da equipe inscritos:

• Mancha Verde;
• Equiperigo (desenho de uma bomba e nela escrito TNT);
• Furacão Vermelho (desenho de um cachorro bravo);
• The Black Angel (desenho de um homem grande e forte);
• (desenho de um monstrinho);
• Furacão Devastador (desenho de um monstro com uma cesta de basquete em uma mão e uma latinha JET na outra);
• Camisa branca com um boneco pulando com um megafone em uma mão e uma bandeirinha na outra.

Esses uniformes transmitiam a ideia de que o homem esportista devia ser forte e violento como um cachorro ou um monstro e buscar a vitória acima de tudo, nem que isso implicasse o uso de meios ilícitos, como uma bomba. Somente uma das camisetas não fazia alusão a imagens violentas, mas trazia a imagem de um torcedor masculino. A violência era igualmente valorizada nos nomes das equipes: Equiperigo, Furacão Devastador, Furacão Vermelho. Mancha Verde é o nome da torcida organizada do time de futebol masculino, a Sociedade Esportiva Palmeiras.

Assim, as figuras e os nomes das equipes remetem a imagens masculinas e violentas. Não há nenhuma imagem feminina, o que sugere que o esporte é uma atividade para ser praticada por homens e que mulheres precisam adaptar-se ao "mundo masculino do esporte" para nele ingressarem. A sub-representação das mulheres em imagens esportistas já foi abordada no primeiro capítulo deste livro.

Os "gritos de guerra" — refrões que animavam a torcida — também remetiam à violência. Aliás, a própria expressão "grito de guerra" já faz alusão ao jogo como sendo uma guerra.

- *Aaah, eu tô maluco!*
- *É (5ª A), oba! É (5ª A), oba!*
- *Eu já falei, vou repetir, é (5ª A) que manda aqui.*
- *Acabou a paz, mexer com (5ª A) é mexer com Satanás.*
- *Au, au, au. A (5ª A) é animal!*
- *Não é mole não, pra ganhar da (5ª A) tem que ter disposição.*
- *Um, eu detonei, cadê a (5ª A)?*
- *Ih, vacilão, burro, burro, burro!*
- *Ada, ada, ada, cala boca cachorrada.*
- *Ida, ida, ida, cadê sua torcida?*

Com estes refrões, as torcidas proclamavam a superioridade de suas equipes, associavam suas imagens à de Satanás e consideravam-se "animais". Este termo foi atribuído pela torcida ao então jogador de futebol Edmundo — e por ele incorporado —, fazendo referência a suas atitudes violentas e valorizando-as positivamente.

Após uma derrota e como resposta a tantos insultos, as torcidas cantavam: *"Não é perder. Não é ganhar. O importante é participar!"*. Essa frase era apenas uma tentativa de responder às afrontas e consolar-se com a derrota, pois não há nenhum indício de que quem a cantava acreditasse, de fato, no que estava dizendo. Ao contrário do que tenta afirmar esse grito, as vitórias eram, sim, valorizadas, e as equipes vitoriosas eram condecoradas com medalhas. Várias meninas e meninos, após terem perdido um jogo, corriam para o banheiro para esconder seu choro. Os árbitros eram culpados e xingados pelas derrotas, entre outras formas, cantando: *"Juiz, ladrão!"* ou *"Ah, ah, ah, se roubar vai apanhar!"*

A linguagem é um campo de construção do gênero; ela "não apenas expressa relações, poderes, lugares, ela os *institui*; ela não apenas veicula, mas produz e pretende *fixar* diferenças" (Louro, 1997, p. 65; grifos da autora).

Também, segundo Richard Parker (1991, p. 63),

é na linguagem do cotidiano que [...] [os] entendimentos mais proeminentes de masculinidade e feminilidade são primeiramente construídos. É nas expressões, termos e metáforas utilizados para falar do corpo e suas práticas que as relações da criança com a realidade começam a tomar forma e que os sentidos associados ao gênero na vida brasileira são mais poderosamente expressos.

Assim, a linguagem dos uniformes e dos refrões não apenas reproduzia determinada imagem masculina do esporte, como a constituía. Não era, porém, a qualquer masculinidade que o esporte se associava, mas à imagem de um homem forte, violento e vitorioso. Essas imagens reproduziam e produziam simultaneamente identidades esportivas e de gênero, determinando, em grande parte, as relações estabelecidas entre os jogadores.

3.3 Estratégias distintas: transgressão e cumplicidade

Havia na escola normas, explícitas ou não, que determinavam o que podia ser dito e feito pelos estudantes; elas regiam também a ocupação dos espaços físicos escolares, indicando os locais e quando eles podiam ser frequentados. Desobedecer a algumas dessas normas era condição para ocupar espaços que iam além dos determinados, e os meninos, de modo geral, faziam isso mais frequentemente que as meninas. Como relatei, a professora solicitava que a esperassem sentados na escada do pátio, mas os meninos desobedeciam-lhe e faziam outras coisas pelos arredores. Eles sabiam que, ao entrar no ginásio, deveriam largar suas mochilas e aguardar, sentados, a chamada e as instruções, mas, em vez disso, vários deles corriam e brincavam pelo ginásio, atrasando o início da aula.

Dados coletados nas fichas de acompanhamento[2] das turmas também demonstram que meninos transgrediam mais as normas

---

2. Nas fichas de acompanhamento, constavam registros sobre comportamentos, atrasos, esquecimentos de caderneta — documento que permitia o ingresso dos estudantes na escola e no qual eram registradas as presenças e ausências dos estudantes —, expulsões de sala de aula, brigas e outros problemas disciplinares.

do que as meninas. Um simples passar de olhos já seria suficiente para perceber que havia muito mais observações escritas nas fichas dos meninos do que nas das meninas; entretanto, uma análise quantitativa mais detalhada permite apresentar o seguinte quadro:

Quadro I
Distribuição de ocorrências disciplinares das turmas observadas

Ocorrências disciplinares	Número de registros de meninos	Número de registros de meninas
Sem caderneta	70	12
Atraso	59	27
Problemas com uniforme	6	10
Expulsão de aula	16	0
"Matou" aula	14	7
Brigas	20	1
Outros	40	7
Total	**225**	**64**

Fonte: Altmann (1998, p. 31).

O não uso do uniforme aparece nos dados como o principal meio de as meninas oporem-se à escola. A diferença, porém, é grande: 16 meninos expulsos de aula e nenhuma menina; 20 registros de brigas de meninos e um de meninas — enfim, 225 registros de problemas com meninos e 64 com meninas. As expulsões dos meninos eram motivadas principalmente por "gritaria", não realização de tarefas, desrespeito ao professor ou à professora e brigas.[3]

Enquanto a estratégia predominantemente utilizada pelos meninos para conquista do espaço era a transgressão, a das meninas

---

3. Estudos mostram que meninos, e em particular meninos negros de baixa renda, estão mais sujeitos ao fracasso escolar do que meninas. A produção do fracasso escolar tem sido pesquisada por Marília de Carvalho (Carvalho, 2004; Rezende e Carvalho, 2012, entre outros).

era a não transgressão. Ao obedecer às normas, elas conquistavam a cumplicidade da professora, alcançando, assim, alguns de seus objetivos, como mostram os relatos a seguir:

Devido à chuva daquele dia, a professora levou a turma para a sala de vídeo e explicou que poderiam escolher entre dançar, jogar dama, jogo de prego ou tazo.[4] Enquanto ela tentava organizar a aula, os meninos corriam dispersos, faziam estrelinha, brigavam um com o outro enquanto todas as meninas aguardavam sentadas pelo início das atividades programadas. Quando dois deles transformaram um carrinho de compras em um carro de corridas, a professora, que tentava em vão acalmá-los, perdeu a paciência e saiu com todos da sala para conversar em outro lugar. Algumas meninas foram verificar o que estava ocorrendo, mas, percebendo que a conversa não lhes dizia respeito, voltaram e avisaram, aos poucos meninos que ainda permaneciam na sala, que a professora os aguardava.

Ficamos a sós na sala, as meninas e eu, e a porta fechada. Elas foram se levantando e uma delas pediu-me para colocar música. Tão logo liguei o som, algumas começaram a correr de um lado ao outro da sala pulando e batendo com os dois pés contra as paredes. Quando as outras se levantaram, o grupo de meninas rapidamente se organizou para jogar pegador, divertindo-se muito enquanto cantarolavam alguns trechos da música e arriscavam alguns passos, parecendo faltar-lhes coragem para dançar.

Aos poucos, os meninos foram voltando; os dois primeiros a chegar, desconsiderando a presença das meninas, sentaram-se no meio da sala para jogar tazo. Elas nem reagiram, continuaram brincando no espaço que lhes restara, mas quem não conseguiu ficar inerte ao fato fui eu, que levantei para pedir aos meninos que sentassem mais no

---

4. Tazos eram pastilhas recebidas de brinde na compra de salgadinhos da Elma Chips. Jogavam em duplas, cada um dos jogadores apostando no mínimo um tazo, que eram então empilhados no chão ou sobre uma mesa. Neles, os participantes jogavam com força outro tazo ou um tazo *master*, com o objetivo de virá-los e adquiri-los para si. Havia quem jogasse tazo e quem apenas os colecionasse, sem se dispor a jogar ou dispondo-se, no máximo, a jogar "sem valer", para, no caso de derrota, não ter o adicional desgosto de ficar sem seu brinquedo. Várias meninas faziam parte deste último grupo e algumas poucas jogavam "pra valer".

canto. A mesma cena se repetiu com a chegada de outros três meninos. Não demorou muito para que todos eles e a professora retornassem, acabando de vez com a brincadeira das meninas.

Numa lista imaginária de comportamentos aceitáveis em uma aula, não constaria a atitude de "correr pela sala pulando e batendo com os pés contra a parede". Essa atitude não teria sido autorizada pela professora, que, ao retornar, suspendeu o jogo de pegador das meninas e organizou a aula como inicialmente planejara. Possivelmente por já saberem disso, as meninas só tomaram a atitude proibida na ausência da professora. Nas inúmeras vezes em que os meninos subverteram as normas estabelecidas, foram repreendidos pela professora, todavia isso não os impedia de ocupar espaços proibidos ou em momentos desautorizados. Percebe-se aí, novamente, meninos e meninas reagindo diferentemente à intervenção docente e meninos transgredindo mais as normas do que elas, ocupando, assim, espaços mais amplos.

Ao voltar para a classe, os meninos sentaram-se no meio da sala e impediram a continuidade da brincadeira das meninas, o que me levou a abandonar meu lugar de observadora e solicitar-lhes que se sentassem no canto da sala.[5] Com o retorno dos meninos, a continuidade da brincadeira das meninas ficaria condicionada a uma negociação do espaço físico entre ambos; todavia, com a minha interferência, isso não ocorreu. Fica a dúvida sobre como formular

---

5. Esta minha intervenção na aula ilustra um pouco dos conflitos vividos como pesquisadora em uma escola. Ao considerarem-me uma professora, os estudantes, que frequentemente perguntavam quando eu assumiria as aulas, esperavam que eu agisse como tal, e eu precisava "fugir" de situações em que minha intervenção era solicitada para resolver conflitos, conceder autorizações, ser árbitra de jogos ou dar aulas. Em meio a diferentes expectativas, nem sempre era fácil "não ser ninguém" na escola, pois, ainda que eu frequentasse aulas, não era nem aluna nem professora, num espaço onde parecia só haver lugar para um docente, seus alunos e alunas. Essa sensação de ausência de espaço para uma pesquisadora na escola era ainda mais evidente durante os recreios, pois eu não era nem professora, para ficar na sala, nem estudante, para andar pelo pátio. Este era um espaço tão deles que eu era percebida tanto pelos estudantes quanto por mim mesma como uma intrusa espiando suas vidas. Seus eternos olhos intrigados a me vigiar faziam-me questionar o que e até onde meus olhos podiam ver.

essa afirmação: "As meninas não negociaram o espaço da sala com os meninos *e* eu o fiz" ou "As meninas não negociaram o espaço da sala *porque* eu o fiz?"

É impossível optar por uma dessas afirmações, pois a incompatibilidade entre elas é apenas aparente. Minha atitude em pedir que os meninos saíssem do meio da sala parece ter contribuído simultaneamente para a solução do problema de divisão espacial vivido naquele momento, bem como para certa acomodação das meninas, que, assim, deixaram de negociar por si mesmas o espaço com eles. A confiança na intervenção e a reincidente solicitação da docente para a solução de problemas poderiam caracterizar, de certa forma, uma dependência das meninas. Como alerta Lisa Serbin (1984), uma vez que uma menina quieta, passiva e dócil não perturba, comportamentos dependentes não são considerados problemáticos na escola.

No entanto, a confiança das meninas na intervenção docente pode, só até certo ponto, ser interpretada como "dependência feminina", pois elas sabiam fazer de uma dependência aparente uma estratégia de conquista:

> A divisão dos times durante as aulas era normalmente intermediada pela professora. A fim de garantir que meninos e meninas jogassem juntos, após apontar os alunos e/ou alunas que escolheriam os times, ela estabelecia que, quando alguém escolhesse uma menina, os outros também deveriam escolher outras meninas — da mesma forma, quando um menino fosse primeiramente escolhido. Outro modo de encaminhar o processo era solicitando grupos de quatro pessoas compostos por dois meninos e duas meninas. Nesse caso, primeiro a turma se agrupava em duplas, para então uma dupla unir-se com a outra de outro sexo.
>
> Certo dia, porém, tendo ela deixado a turma absolutamente livre para formar as equipes como bem quisessem, o resultado foi times mistos e outros só de meninas ou só de meninos. Enquanto uma equipe só de meninas jogava contra uma equipe de meninos e meninas, a professora comentou comigo que aquelas haviam combinado

de não zombar de quem errasse. Mesmo assim, seus erros não passavam despercebidos pelos meninos do outro lado da quadra, que faziam comentários depreciativos sobre elas. As meninas não deixavam por menos e faziam as falas dos meninos chegarem aos ouvidos da professora, o que intensificava as zombarias anteriores e agora elas eram também chamadas de *"Frescas, fresquinhas!"*, pois, segundo os meninos, meninas reclamam com a professora *"por qualquer coisinha"*.

A professora incentivava seus alunos e alunas a deixarem-na a par do que ocorria nas aulas e a solicitarem sua ajuda para resolver problemas. Cientes disso, as meninas confiavam na intervenção da professora e sabiam o quanto os meninos ficariam descontentes com elas, com a professora e com a atitude que ela tomasse. Assim, elas "usavam" a professora para agir contra os meninos e conquistar o que desejavam. Ao vê-la repreendendo ou punindo os meninos, parece que quem agiu foi a professora, e que as meninas, além de incapazes de enfrentar o problema, foram passivas na sua resolução. Entretanto, quem a levou a agir foram elas, ou seja, elas agiram por intermédio da intervenção da professora. Escondendo-se atrás dela, as meninas "vingavam-se" dos meninos.

Essa estratégia adotada pelas meninas é discutida por Julia Stanley (1995) em artigo intitulado "El sexo y la alumna tranquila". Ao referir-se à adaptação das meninas à escola, a autora afirma que a tranquilidade das meninas não é um traço natural de sua personalidade, mas uma resposta à própria escola. Obedecer às normas pode ser uma estratégia consciente para ir bem na escola, pois essa tranquilidade é julgada tanto por elas quanto pelas professoras como positiva para o bom desempenho acadêmico, havendo, portanto, algo na socialização escolar das meninas que as torna tranquilas.

Serbin (1984), pesquisando escolas elementares norte-americanas, mostrou que a presença do professor ou da professora em algum local já é, por si mesma, um fator de extrema importância na determinação das atividades da criança. As professoras, por terem sido socializadas como mulheres, têm interesses específicos na sala de aula e, consequentemente, acabam interagindo com as crianças, principalmente em atividades de preferência feminina. Isso facilitaria um envolvimento dos meninos com essas atividades, mas não o envolvimento de meninas em atividades predominantemente masculinas. Um experimento foi feito, e, quando a professora ocupou áreas na sala de aula onde ficavam brinquedos como blocos e caminhões, meninas tímidas, que antes nunca tinham ido àqueles locais, aproximaram-se. A pesquisadora concluiu que as meninas não chegavam àqueles locais porque a professora não ia até lá. Obtiveram-se os mesmos resultados com os meninos, quando ela foi brincar com bonecas e quando a experiência foi repetida com professores homens.

Algo semelhante ocorreu durante minha pesquisa: algumas meninas apenas subiram numa pedra depois que eu o fiz:

> Numa das quadras de futebol, um dos únicos locais de onde se podia assistir sentado ao jogo era em uma pedra plana e larga de aproximadamente um metro e meio de altura. Meninos eram frequentemente vistos lá em cima durante recreios e aulas, mas meninas, não.
>
> Certo dia, apenas esta quadra de cima estava disponível para a aula e, entre ficar de pé, encostada no barranco, conversando com as meninas ou subir na pedra e fazer companhia a dois meninos, optei pela segunda alternativa. Eles conversavam animadamente sobre o jogo de handebol e olharam-me admirados, mostrando-me o melhor jeito de "escalar". Ao término daquela partida, os dois desceram para jogar e não demorou muito para aparecer uma menina, a quem mostrei como subir. Ao vê-la lá em cima, Marcelo berrou do meio do jogo: "Laura, como é que você subiu? Não vi guindaste!" Um pouco depois, outras duas meninas surgiram e perguntaram à primeira como subir. Parecendo não gostar de escaladas, optaram por um caminho mais fácil, por trás, mostrado por Marlon. Um dos assuntos de sua conversa era se teriam coragem de descer.

Este foi o único dia em que vi meninas no alto daquela pedra, e o desconhecimento delas sobre como chegar lá e a necessidade de lhes mostrar o caminho de subida indicavam que aquele realmente não era um local frequentado por elas. Durante os recreios, as quadras de futebol eram um espaço masculino, e as meninas, quando muito, circulavam pelas arquibancadas. Ainda quando tinham acesso à pedra, parecia faltar-lhes coragem e confiança para subir. Durante as aulas, outro possível motivo de elas não subirem na pedra é que aquele não era, o que se poderia dizer, um local de acesso permitido, pois nem sempre a professora autorizava que os meninos ficassem lá em cima.

O que, então, as teria levado a subir na pedra naquela dia? Com minha presença lá em cima, o risco de a professora mandá-las descer praticamente se extinguia, e minha presença como mulher naquele local dava legitimidade para que também as meninas fossem lá. Chamo aqui a atenção para o fato de que a primeira menina só subiu na pedra quando os meninos desceram. Repetem-se características do episódio do dia chuvoso, pois, ainda que desta vez os meninos e a professora não se tivessem ausentado completamente, as meninas ampliaram sua ocupação de espaço na ausência deles e quando se sentiram seguras de não serem repreendidas pela professora por fazer algo proibido.

Enfim, o fato de meninas, de modo geral, transgredirem menos as normas do que meninos e solicitarem mais a intervenção docente não demonstra que sejam mais dependentes ou submissas que eles, mas que meninos e meninas lançam mão de estratégias distintas para conquistar o que desejam na escola: os meninos usam a *transgressão* de normas; as meninas, a *não transgressão* ou certa *cumplicidade* com a professora.

3.4 *Marias-homem* na quadra

Ao relatar os acontecimentos daquele dia chuvoso e da subida na pedra, afirmei que as ausências da professora e dos meninos possibilitaram às meninas ocupar espaços mais amplos. Um

comportamento "subversivo" das meninas não teria passado despercebido pela professora, nem pelos meninos, devido à constante
situação de vigilância presente nessas aulas. A respeito desta questão,
Louro (1997, p. 75) destaca:

> o uso de alinhamentos, a formação de grupos e outras estratégias
> típicas [das aulas de educação física] permitem que o professor ou
> a professora exercite um olhar escrutinador sobre cada estudante,
> corrigindo sua conduta, sua postura física, seu corpo, enfim, exa-
> minando-o/a constantemente. Alunos e alunas são aqui particular-
> mente observados, avaliados e também comparados, uma vez que
> a competição é inerente à maioria das práticas esportivas.

Esses mecanismos de exame aos quais a autora se refere eram
utilizados não apenas pela professora, mas também pelos alunos e
pelas alunas. Nessas aulas, não há meios de agir sem ser visto ou,
no mínimo, sem sentir a possibilidade de estar sendo visto. Como
afirma Foucault (1995b), o que assegura o funcionamento auto-
mático do poder é um estado consciente e permanente de visibilidade, fazendo com que a vigilância seja permanente em seus efeitos,
mesmo que descontínua em sua ação. O aluno ou a aluna pode não
estar sendo vigiado(a), mas tem a certeza de poder estar, o que
assegura a automatização e a desindividualização do poder.

Assim, se as meninas não corriam batendo com os pés na
parede ou não subiam com frequência em pedras, era porque, além
da professora, os demais colegas poderiam as estar observando, o
que poderia gerar comentários semelhantes ao de Marcelo, sobre
se Laura utilizara um guindaste para subir na pedra.

Para Serbin (1984), a presença de algum par, principalmente do outro sexo, é suficiente para a criança conformar-se com seu
estereótipo sexual, fazendo atividades adequadas a ele. As evidências de minha pesquisa também mostram meninas agindo de
maneira não condizente com um modelo de feminilidade hege-
mônico na escola, com mais frequência quando os meninos estavam ausentes.

Ao discutir as respostas de mulheres e meninas a estereótipos sexuais, Jean Anyon (1990) afirma que a aceitação completa de atitudes e comportamentos apropriados ao gênero — tanto quanto a completa rejeição — é bastante rara, havendo, na verdade, nem *aceitação* nem *rejeição*, mas um processo simultâneo de *acomodação e resistência*. Esses processos individuais seriam atitudes defensivas, que não visam à transformação das estruturas sociais, patriarcais ou não, acabando por prender as mulheres na armadilha das mesmas contradições que teriam de superar coletivamente. Processos de "acomodação e resistência" eram visíveis no cotidiano da escola que pesquisei. Meninas pulando e batendo com os pés na parede, meninas subindo na pedra e um menino negando-se a jogar futebol são exemplos de momentos em que determinadas expectativas de gênero não foram correspondidas. Entretanto, diferentemente do que afirma Anyon, não interpreto que esses processos de resistência prendam meninas ou meninos em alguma armadilha. João, ao enfrentar discriminação dos colegas por se negar a jogar futebol, resistia individualmente a um modelo de masculinidade. Com o passar do tempo, porém, os colegas passaram não apenas a aceitar sua opção, mas a admirá-lo por ter assumido uma masculinidade diferente da hegemônica.

Como se pode observar, mesmo que a imagem hegemônica de masculinidade na escola estivesse vinculada ao esporte, não se poderia descartar a existência de outras formas de masculinidade. Rawen Connel (1995) chama a atenção para o fato de diferentes masculinidades serem produzidas no mesmo contexto social, sendo que uma forma hegemônica de masculinidade tem outras masculinidades agrupadas em torno dela. Além disso, qualquer forma particular de masculinidade é, ela própria, internamente complexa e até mesmo contraditória.

Mary Poovey (1988) argumenta que a oposição entre os sexos é uma construção social, e não reflexo ou articulação de um fato biológico. A revelação de que a oposição binária é artificial desestabiliza a identidade aparentemente fixa e rígida dos dois termos, a qual impede a formulação de outras possibilidades. Em outras palavras, desconstruir essa oposição binária possibilita enxergar o que existe entre os dois polos — vendo o que ela chama de *in--between* — e capacita pesquisadores(as) a multiplicar as categorias do sexo.

A coexistência de diversas feminilidades e masculinidades e diferenças nessas categorias aparecem nas diferentes maneiras como as meninas enfrentaram o resgate de uma bola perdida:

> Durante uma aula, as meninas jogavam futebol em uma quadra e os meninos em outra. Quando Gisele se aproximou da quadra dos meninos e berrou: *"Precisamos de um menino para pegar a bola que foi lá em cima. Ô, Mateus, não tem coragem de ir lá no mato buscar a bola?"* e ele respondeu: *"Eu tenho, mas estou jogando!"* Como tirá-lo do jogo não seria nada fácil, ela foi saber da coragem de Luciana para buscar a bola. Luciana aceitou o desafio e Gisele disse que a acompanharia, contanto que não precisasse ir na frente.

Meninas, ao cruzarem as fronteiras das divisões de gênero, resistiam ao domínio masculino do espaço na escola. Um menino urinando na beira da quadra de futebol durante o recreio demonstra o quanto a quadra de futebol era um espaço masculino. Por outro lado, se essa cena for imaginariamente associada a uma busca de demarcação de território, ela ilustra o empenho masculino na manutenção de seu domínio. Por sua vez, a necessidade de investir na manutenção de tal domínio era indício de sua fragilidade e da possibilidade de invasão daquele espaço, o que de fato ocorreu:

> Elas chegaram cedo à quadra, antes mesmo de soar o sinal, e munidas de uma bola. Quando os meninos apareceram, elas já estavam com os times praticamente prontos, prestes a iniciar o jogo e intransigentes a qualquer forma de negociação. Dois meninos atuavam como árbitros, enquanto inúmeros outros, em volta, aguardavam o final da partida ou uma oportunidade qualquer para invadir. Vendo que o jogo não acabaria assim tão rápido, três deles resolveram tomar providências: *"Se nós não podemos fazer de fora, a gente também vai*

jogar!". Elas pararam o jogo para discutir, argumentando que eles poderiam jogar na quadra de cima com os outros rapazes. Da arquibancada, ouviam-se repetidamente berros: *"Ô, Maria-homem!".*

Ao chamá-las de *Marias-homem*, o menino estava afirmando que o futebol é um esporte masculino, devendo ser jogado apenas por meninos. Vários autores referem-se ao esporte como meio de expressão da masculinidade (Badinter, 1993; Connel, 1992, 1995; Dunning, 1992; Louro, 1997; Messner, 1992; Saraiva, 1993; Vigarello, 2013). A associação do esporte à masculinidade varia de acordo com a modalidade esportiva; na escola, o futebol era um esporte considerado masculino, e as imagens dos jogadores, independentemente de serem meninas ou meninos, eram associadas à masculinidade.

No entanto, diferentemente do caso relatado no início deste capítulo, quando Nádia e suas colegas, pulando corda, resistiram à presença dos meninos na quadra, desta vez, as meninas resistiram ao domínio masculino das quadras por meio do próprio futebol. Esse exemplo ilustra a afirmação de Eric Dunning (1992) de que a inserção feminina no meio esportivo, apesar de não significar o desaparecimento definitivo do domínio masculino, indica o grau em que esse domínio começa a ser combatido.

Para inserirem-se naquele universo masculino, elas lançaram mão de estratégias. Primeiro, visando evitar conflitos, chegaram cedo às quadras com uma bola, organizando-se antes mesmo da chegada dos meninos. Segundo, permitiram que dois meninos fossem os árbitros do jogo. Ao conceder-lhes o papel de autoridade, elas fizeram da aparente aceitação do domínio masculino daquele esporte uma estratégia para jogar, pois, ainda que o *papel* de árbitros lhes tenha sido concedido, o *exercício* pleno dessa função não o foi, pois eram as meninas que mandavam em quadra. Apesar de todos os xingões que ouviram, os árbitros, e não as jogadoras, estiveram prestes a levar um cartão vermelho e a ser expulsos de campo.

Segundo Michael Foucault (1995a, p. 183),

o poder deve ser analisado como algo que circula, ou melhor, como algo que só funciona em cadeia. Nunca está localizado aqui ou ali, nunca está nas mãos de alguns, nunca é apropriado como uma riqueza ou um bem. O poder funciona e se exerce em rede, [...] não se aplica aos indivíduos, passa por eles.

O autor afirma ainda que os sujeitos não são aprisionados pelo poder, havendo, na medida de seu exercício, a possibilidade de resistência. Dessa forma, a dominação pode sempre ser modificada em condições determinadas e segundo alguma estratégia precisa.

Enfim, apesar de os meninos ocuparem espaços mais amplos do que as meninas na escola, não se pode afirmar que elas sejam dominadas por eles ou que a divisão do espaço não se estabeleça a partir de relações entre dominadores e dominadas, pois as meninas não são vítimas de imposições masculinas. Vitimá-las significaria *coisificá-las*, "aprisioná-las pelo poder", desconsiderando suas possibilidades de resistência e também de exercício de dominação.

No caso relatado, a resistência das meninas ao domínio masculino das quadras foi tão eficiente que a situação se inverteu: elas passaram a dominar, e eles, a resistir. Houve, então, um efeito de contrarresistência: ao perceberem que elas dominavam as quadras, os meninos tentaram restabelecer seu domínio, planejando uma invasão e chamando as meninas que jogavam de *Marias-homem*. Ainda assim, as *Marias* jogaram o recreio inteiro.

O que representa a presença dessas *Marias* nas quadras? Connel (1995, p. 204), em um artigo sobre políticas da masculinidade, utiliza a expressão "práticas prefigurativas" para referir-se a "amostras do paraíso", a "fragmentos de justiça, aqui e agora", o que exemplifica com a figura de um homem empurrando um carrinho de bebê. Essas práticas, vinculadas a estratégias educacionais, gerariam pressões que, a longo prazo, culminariam numa transformação da estrutura patriarcal.

Dialogando com o autor e à luz das evidências deste estudo, em vez de falar em "práticas prefigurativas", eu falaria em práticas que perpassam as relações sociais — talvez a expressão pudesse ser modificada para "práticas perfigurativas". As *Marias* nas quadras devem ser valorizadas não pelo que representam para uma transformação futura, mas pelo que mostram sobre as relações no presente. Esse episódio não é uma "amostra do paraíso", mas uma amostra do presente e da diversidade, nele existente, de relações entre homens e mulheres. O aumento do número de meninas e mulheres jogando futebol, observado desde a época da realização da pesquisa de campo aqui descrita até os dias de hoje — conforme analisado também na introdução deste livro —, mostra um processo de transformação social do gênero nas práticas esportivas.

4

Exclusão nos esportes*

Durante uma aula, Carla abandonou um jogo, reclamando: *"Homem brincar com mulher não dá certo, não!"*. Carolina, em uma entrevista, também se queixou: *"Quando a gente joga com os meninos, parece que eles nem conhecem a gente. Ficam brincando só eles lá e não jogam a bola para a gente!"* Durante um jogo de vôlei, após uma menina ter reclamado com os meninos por não receber a bola, um deles lhe jogou a bola dizendo: *"Então toma."* Ela errou o passe e ele complementou: *"A gente dá a bola para vocês e vocês fazem tudo errado!"*

É possível identificar nestes fatos um dos principais problemas vividos em aulas de educação física com turmas mistas: o da exclusão.

4.1 As exclusões são de gênero?

Aos fatos descritos somam-se outros, ocorridos durante aulas de vôlei, futebol, queimada e handebol, podendo-se afirmar que meninas

---

* Versão revisada e atualizada de artigo originalmente publicado na revista *Motus Corporis*. (ALTMANN, Helena. Exclusão nos esportes sob um enfoque de gênero. *Motus Corporis*, Rio de Janeiro, v. 9, n. 1, p. 9-20, 2002).

tocavam menos na bola do que meninos: eles faziam um maior número de gols, rebatiam a bola para o outro lado da rede e agarravam-na no jogo de queimada para contra-atacar com maior frequência. Elas estavam cientes disso, pois, certo dia, perguntaram-me o que eu estava contando. Respondi que registrava quantas vezes cada pessoa tocava na bola e perguntei-lhes quem tocava mais. A resposta veio em coro: "Os meninos."

A fim de descobrir até que ponto meninos tocavam na bola mais do que meninas, resolvi tentar uma quantificação por gênero do número de toques em jogos de vôlei. Em termos quantitativos, os meninos tocavam na bola aproximadamente duas vezes e meia a mais que as meninas, ou seja, 251 toques para os meninos e 99 para as meninas.[1] Relacionando os números de toques ao número de meninos — 59 — e meninas — 73 —, cada menina teria tocado na bola 1,35 vez, enquanto cada menino, 4,24. Assim, os meninos tocavam na bola aproximadamente três vezes mais do que as meninas.

Entretanto, o número de toques na bola não se mostrou um indicador suficiente para refletir sobre a participação das pessoas no jogo, pois elas se envolviam nele de maneiras diferentes. Na queimada, por exemplo, havia quem preferisse proteger-se dos ataques nos cantos e quem preferisse expor-se mais, pegando a bola para contra-atacar; e, ao mesmo tempo que criavam mais chances de tocar na bola, corriam mais riscos de serem "queimados" e ir mais cedo para a linha de fundo. Não raro ocorria de aqueles que participavam mais intensamente do jogo saírem da partida antes daqueles que ficavam mais escondidos, o que tornava impossível determinar quem havia jogado mais. Já nos casos de esportes como o futebol e o handebol, dada a dinâmica do jogo, não foi possível

---

1. Dificilmente um time permanecia com igual número de jogadores o jogo inteiro e, na maioria das vezes, o número de meninos e meninas em cada time não era exatamente o mesmo. Em decorrência disso, em vez de fazer uma relação exata entre os números de toques e a quantidade de meninas e meninos em quadra, relacionei os números absolutos à quantidade de meninos e meninas nas turmas, chegando a um valor aproximado de quantas vezes um menino toca na bola, para cada toque feminino.

contar o número de chutes ou passes, tampouco quantificar o tempo de permanência com a bola.

Outra forma de participação acontecia naqueles momentos considerados de "bola parada", quando ela nunca estava, de fato, parada. Uma bola que saía pela linha de fundo era extremamente disputada, pois, nessas brechas, era possível brincar com ela de outras maneiras e não apenas daquelas autorizadas pelas regras do esporte em questão. Para aqueles meninos e meninas que pouco tocavam na bola durante o jogo, esta era uma ótima oportunidade de obter a posse de bola.

É importante ainda considerar o tempo de permanência com a bola e a maneira de utilizá-la fora do jogo, pois, numa partida de vôlei, além de cada menino ter tido, em média, 16 posses de bola parada enquanto cada menina teve 5,5, eles visivelmente permaneceram com a bola por muito mais tempo — quase sempre, chutando-a —, enquanto as meninas restringiam-se a passá-la para quem fosse sacar.

No entender de muitos meninos, aula de educação física deveria ser sinônimo de aula de futebol, e, quando a professora não atendia ao seu desejo de "jogar bola", eles encontravam uma maneira alternativa de fazê-lo durante a outra atividade realizada. Em entrevistas, algumas meninas comentaram que não gostavam de jogar vôlei com os meninos porque eles ficavam chutando a bola:

> *Às vezes, quando eles não estão muito afim, ficam atrapalhando. Em vez de jogar, eles ficam chutando a bola. [...] Um faz um ponto e o outro não aceita [...] e, enquanto a gente vai resolver, o outro time fica brincando. Os meninos ficam brincando de futebol.*

À medida que observava os jogos de vôlei, percebia ainda que, mesmo considerando meninos e meninas separadamente, havia aqueles e aquelas que jogavam mais do que os outros, indicando que o gênero não é a única categoria que define a participação nos jogos, questão que se exemplifica com o número de toques executados em um jogo de vôlei:

Quadro 2
Toques na bola em um jogo de vôlei

Estudantes	Número de toques
Camila	1
Aline	6
Priscila	1
Daniel	6
Marcelo	8
Philipe	2

Fonte: Altmann (1998, p. 48).

Somando-se os números por sexo, chega-se a 16 toques dos meninos e 8 das meninas. Todavia, a totalização do número de toques por sexo e a consequente conclusão de que há uma exclusão feminina no jogo não são as únicas dimensões a serem consideradas nesta análise, pois o número de toques de Aline está mais próximo dos números de Marcelo e Daniel, enquanto o número de toques de Philipe se aproxima dos de outras meninas. Mais do que uma exclusão de gênero — ou, ao menos, além dela —, há aí uma exclusão por habilidade.

Assim, apesar de verificar que, durante todos os jogos observados, a média de toques executados pelos meninos foi muito maior que a das meninas, não se pode generalizar a afirmação de que meninas são excluídas do jogo por serem mulheres. Gênero é uma categoria relacional, vinculada também à habilidade corporal.

Nesse sentido, em pesquisa com crianças de idade semelhante, que viviam no Rio de Janeiro, Neíse Abreu (1995) constatou que, ao considerarem as meninas inabilidosas, meninos têm uma predisposição em não aceitar sua participação nos jogos. O fato de elas serem mais aceitas quando demonstram saber jogar mostra que a discriminação nas aulas se deve mais a uma falta de habilidade que ao fato de serem mulheres.

Outras pesquisas recentes ratificam o argumento de que diferenças de gênero interferem na participação de meninos e meninas nas aulas de educação física. Rogério Oliveira (2010) observou que as meninas eram maioria entre aqueles que ocupavam a periferia das quadras, ou seja, não atuavam nas aulas de educação física. A partir de pesquisa realizada no ensino fundamental em Campinas, Juliana Jacó (2012) criou quatro categorias explicativas das diferentes formas de participação nas aulas: protagonistas, figurantes, excluídos e flutuantes. Os protagonistas participavam das atividades de modo bastante ativo e interessado, como indo ao encontro da bola, dominando-a por mais tempo etc. Estes eram predominantemente meninos. Ao contrário deles, os excluídos optavam por não participar das aulas ou das atividades, observando-as de fora. As meninas eram a grande maioria entre os excluídos e também entre os figurantes, que, embora se inserissem nas práticas, atuavam de forma insignificante, dando lugar na fila, fugindo da bola ou posicionando-se de modo a não recebê-la. Os flutuantes transitavam entre as categorias. De acordo com Jacó (2012), essas diferentes formas de participação possibilitam aprendizagens não apenas distintas, mas também desiguais, sendo limitadas as possibilidades de aquisição de habilidade e conhecimento daqueles que não se envolvem com as práticas de forma efetiva. As meninas estavam mais sujeitas a essa situação.

4.2 Emaranhado de exclusões

O reconhecimento da articulação de diversas categorias (classe, etnia, gênero, geração, orientação sexual, religião…) nos conduz, também, a perceber e a conceitualizar de outro modo as relações de poder. Assim, as análises que apontam para a mulher dominada *versus* o homem dominante parecem sofrer, agora, de uma grande simplificação (Louro, 1996, p. 16).

O esporte preferido de Edmalson, bem como o de muitos outros meninos, era futebol. Entretanto, seu desejo de jogar nem

sempre era garantia de sua presença em quadra, pois, ao serem
escolhidos os times nas aulas, seu nome estava entre os últimos a
serem chamados ou, até mesmo, entre os não chamados:

> Certo dia, meninas e meninos iam jogar futebol separadamente,
> mas, como havia um número inferior de meninos, alguns tiveram
> de jogar com as meninas. Após longa discussão entre os meninos,
> Edmalson concordou em jogar com elas e saiu exclamando: *"Eu vou
> jogar com as meninas, que beleza!"*.

Esta não foi a única vez que vi meninos, excluídos do jogo
masculino, jogarem entre as meninas. Havia meninas que jogavam
entre os meninos, mas não por uma exclusão do jogo feminino, e,
sim, devido à sua habilidade para jogar. Enquanto um menino
jogava entre as meninas porque, supostamente, não sabia jogar,
uma menina jogava entre os meninos porque sabia jogar.

Edmalson assim explicava sua exclusão nos jogos: *"É que eu
sou ruim no futebol. Não sou bom no futebol, não. Aí, o menino tocou
a bola para mim, eu tomei a bola, os meninos vieram e tomaram a
bola de mim. Eles me mandaram sair."*

Esta explicação confere com as observações da professora
sobre a composição das equipes, quando não existia interferência
docente:

> *Se deixar por eles é o seguinte: [...] os melhores jogam, os piores não
> jogam. Ou, digamos assim, você tem cinco melhores, os cinco melho-
> res fazem parte do mesmo time e os piores fazem parte do outro time.
> Eles não conseguem entender que um jogo tem de ter equilíbrio para
> você fazer um jogo legal. São os melhores [que jogam], eles querem
> ganhar. Os melhores vão jogar no time que eles escolheram e os piores
> que se danem para o lado. E se tiver, por exemplo [...], 15 [para
> jogar], eles [...] tiram dois times [...] escolhem os melhores e nem
> escolhem os outros.*

Essa fala da professora mostra que a competitividade presente na prática esportiva na escola — um dos valores do chamado

esporte moderno[2] — tem sido um fator de exclusão nas aulas de educação física.[3]

Nos recreios, estudantes agiam sem a interferência docente e, durante esses 30 minutos, nenhum espaço na escola era tão disputado quanto as quadras de futebol: enquanto nas aulas os espaços e as bolas eram divididos entre uma média de 33 estudantes, nos recreios, esse número subia — ainda que potencialmente — para 599. Como resultado desse grande número de jogadores, havia sempre um extenso, ainda que imaginário, banco de reservas na beira da quadra.

A função de definir quem jogaria e quem comporia o banco de reserva era atribuída, segundo Davison, aos dois meninos mais velhos. Eles organizavam os times, e quem não fosse selecionado fazia o time dos *de fora*, que corria o risco de ficar de fora o recreio inteiro, pois, algumas vezes, em vez de sair toda equipe perdedora, só trocava uma pessoa.

Ainda que a explicação de Davison difira da explicação da professora, ambas revelam que sempre os melhores jogam. Davison afirmou que as equipes eram escolhidas pelos dois meninos mais velhos, pois a idade conferia *status* aos estudantes, e ser mais velho significava ser maior, mais forte e, portanto, jogar melhor.

O desejo de ser mais velho aparecia nas entrevistas, quando eu lhes perguntava a idade:

Miguel: *Ô, professora, eu vou fazer 12. Está chegando.*
Pesquisadora: *11 para 12. Que dia você faz 12?*
Miguel: *31 de agosto, está pertinho.*
Lívia: *Eu também faço 12.*

---

2. Segundo Valter Bracht (1997), as características básicas do esporte de alto rendimento, o qual tem servido de modelo para o esporte escolar, são competitividade, rendimento físico-técnico, recorde, racionalização e cientificidade do treinamento.

3. Sobre essa questão, ver o segundo capítulo deste livro.

Muitos estudantes informavam a idade que iriam fazer e não a que tinham. Apesar de faltar mais de dois meses para seu aniversário, pois a entrevista foi realizada dia 16 de junho, para Miguel esta data estava próxima.

Como consequência da hierarquia de idade existente na escola, a participação dos alunos da 5ª série nos jogos de futebol ficava praticamente restrita ao tal banco de reservas, pois, na maioria dos recreios, as arquibancadas eram o local mais próximo da quadra de futebol a que eles chegavam. *"Lá só entram os cavalões lá da 6ª série; não nos deixam entrar, não"*, contou Rafael. Esta queixa mostra uma articulação entre gênero, idade e força na determinação de quem seriam os jogadores — também observada por Wenetz, Stigger e Meyer (2006) —, a qual volta a aparecer na resposta à pergunta sobre se jogavam futebol durante o recreio:

Mateus: *Eu, não, professora.*

Carla: *Eu, não. São só os meninos da 6ª série que estão jogando lá.*

Lívia: *É só homem que joga lá no fim.*

Pesquisadora: *E se pudessem jogar, vocês jogariam?*

Carla: *É lógico!*

Mateus: *Eu jogava, professora.*

Pesquisadora: *Você também não pode jogar, Mateus?*

Miguel: *[...] Eles não deixam!*

Mateus: *É, professora.*

Miguel: *Eles falam que a gente é menor. Só a 6ª série que pode jogar.*

Mateus era considerado um bom jogador, estando sempre entre os primeiros escolhidos para as equipes de futebol nas aulas. Todavia, no recreio, as diferenças de idade — praticamente insignificantes dentro das turmas — adquiriam importância na definição dos jogadores. Acopladas à habilidade, idade e força apareciam como critérios determinantes na indicação de quem jogaria.

Enfim, a análise da ocupação do espaço físico escolar mostra que, por meio do esporte, meninos ocupavam espaços mais amplos do que as meninas, podendo-se observar uma exclusão das meninas das quadras de futebol durante os recreios. Todavia, elas não eram as únicas excluídas daquele espaço, e o motivo de sua exclusão não era apenas o fato de serem mulheres, mas também o de serem consideradas mais fracas e menos habilidosas. Esses dois atributos, adicionados à idade, funcionavam como critérios de exclusão também para meninos. Em síntese, *gênero*, *idade*, *força* e *habilidade* — dentre outros possíveis critérios — formavam um emaranhado de exclusões vividas em aulas e recreios.

4.3 Sujeitos e objetos de exclusão

Quando meninas e meninos jogavam em pequenos grupos, as reclamações sobre o não recebimento da bola eram raras, pois, nesses casos, sua posse era dividida mais igualmente entre os jogadores, o que não ocorria com maior número de participantes. Surgiam, então, queixas de que meninos excluíam e meninas eram excluídas.

Uma generalização de comportamentos também aparece em evidência na primeira frase citada neste capítulo: *"Homem brincar com mulher não dá certo, não!"* ou em tantas outras sobre mulheres *"chutando canelas"* em jogos de futebol e homens violentos e *"fominhas".*[4] Tais polarizações, feitas pelos próprios estudantes, desconsideravam variações no interior dos gêneros e exageravam diferenças ali existentes. Ao dicotomizar os comportamentos de meninos e meninas, eles mesmos construíam os gêneros como opostos, como também constatou Becky Francis (1998). A ideia de que uma cultura feminina diferente da masculina exagera as diferenças de gênero e negligencia variações no interior do gênero

---

4. Chuta a canela do adversário quem não consegue acertar na bola porque não sabe jogar. "Fominha" é quem tem fome de bola — em outras palavras, joga sozinho e não passa a bola para os outros.

é também apontada por Thorne (1993). Além disso, essas dicotomias escondem o fato de a interação variar por atividade e contexto. Nesse sentido, as dimensões histórica e social dos sujeitos possibilitam compreender a pluralidade das construções de gênero. Conforme argumenta Louro (1996, p. 10):

> Entendendo gênero fundamentalmente como uma construção social — e, portanto, histórica —, teríamos de supor que esse conceito é plural, ou seja, haveria conceitos de feminino e de masculino, social e historicamente diversos. A ideia de pluralidade implicaria admitir não apenas que sociedades diferentes teriam diferentes concepções de homem e de mulher, como também que no interior de uma sociedade tais concepções seriam diversificadas, conforme a classe, a religião, a raça, a idade etc.; além disso, implicaria admitir que os conceitos de masculino e feminino se transformam ao longo do tempo.

Uma menina, comentando sobre seu erro em um jogo de vôlei, ilustra como generalizações de comportamentos tornavam imperceptíveis variações no interior do gênero:

> Leidiane: *Igual um dia, eu estava lerda, aí [...] a bola caiu no chão e as meninas ficaram me xingando: "É, está ficando lerda!" E isso e aquilo. Eu saí chorando.*
> Daviane: *É. É por isso que eu não gosto de jogar com os meninos também. Se a gente está com os meninos e a gente dá um errinho, eles já começam a xingar a gente de idiota...*
> Leidiane: *Não, [é de] menina que eu falei. Não é de menino [...], não. É menina.*

Xingões e gozações eram atitudes consideradas tão masculinas que, não tendo ouvido direito, Daviane logo pressupôs que meninos haviam xingado Leidiane. Esta precisou enfatizar que meninas a xingaram, e não os meninos.

As crianças comentavam entre si que os meninos eram violentos e não passavam a bola; todavia, quando tais reclamações eram individualizadas, eram citados sempre os mesmos nomes, percebendo-se que tais qualidades não eram atribuíveis a todos os meninos e que havia também meninas que as mereciam. Em uma turma, ao nomearem os meninos que não passavam a bola, repetiam-se os nomes de Tiago, Daniel, Vítor, Diego. Após jogos de futebol entre meninos, ouvi os seguintes comentários: *"Nem toquei na bola! Só o Davison que quer fazer gol."* Em entrevista, uma menina reclamou de algumas colegas que não passavam a bola: *"Só Janice, Carla, Dáphine, Flávia [...] que querem jogar futebol. Só elas."* As exclusões não eram exclusividade de jogos mistos, mas ocorriam também quando meninas e meninos jogavam separadamente.

Ainda que com menos frequência que meninas, meninos sentiam-se excluídos do jogo por elas. Após ter perdido uma disputa de bola com uma menina em um jogo de vôlei, um menino disse, indignado: *"Ah, você pega a bola sempre!"*. Ela se desculpou, respondendo: *"Desculpe-me, da próxima vez, você joga."* Em certa ocasião, eu assistia a um jogo de futebol na quadra externa, quando dois meninos solicitaram minha intervenção no jogo de vôlei no ginásio, pois duas meninas os expulsaram de quadra.

Esses dados provocam rupturas na imagem vinculada pelos próprios estudantes de que os meninos são os sujeitos da ação de excluir e as meninas, os objetos da exclusão. Estas trocas e rupturas voltam a mostrar questões discutidas no capítulo anterior sobre a fragmentação das identidades de gênero e a necessidade de

> ver não apenas diferenças entre os sexos, mas também a maneira como estas trabalham para reprimir diferenças dentro dos grupos de gênero. A semelhança (*sameness*) construída em cada lado da oposição binária esconde o múltiplo jogo de diferenças e mantém sua irrelevância e invisibilidade (Scott, 1988, p. 46; tradução minha).

Em síntese, meninos e meninas excluem e são excluídos nos jogos; as exclusões não acontecem somente entre gêneros diferentes, mas também dentro do mesmo gênero.

4.4 Ser excluído ou excluir-se?

Duas meninas explicaram da seguinte forma sua participação, ou melhor, sua não participação nos Jogos Olímpicos Escolares:

Sara: *Eu pensei em me inscrever no vôlei, mas, depois, eu desisti. Só tinha menino grande e eu não jogava quase nada.*

Fabiana: [No futebol], *eu fico preocupada, se estou jogando mal, se estou jogando bem.*

Sara: *É, eu fiquei com medo de errar e os meninos começarem a gozar.*

Fabiana: *No vôlei eu joguei bastante, no vôlei eu não tive medo, não.*

Fabiana apenas jogou vôlei, esporte no qual se sentia mais segura, pois, mesmo inscrita no time de futebol, não confiou nas suas habilidades e não entrou no jogo. Sara nem chegou a inscrever-se no time de vôlei, por medo de errar e ouvir gozações dos meninos. A constante situação de vigilância presente nessas aulas não permitia que um passe de bola errado ficasse despercebido, parecendo ter como eco risadas, comentários ou xingões. A fim de evitar tais constrangimentos, várias pessoas preferiam não se expor ao erro, excluindo-se do jogo.

Thorne (1993) afirma que zombarias provocam a separação de meninas e meninos. Comparando as escolas com os grupos de amigos e amigas em bairros, ela diz que aquelas oferecem mais possibilidades de companhia da mesma idade e do mesmo gênero que estes. Além de oferecerem muitos companheiros em potencial, locais populosos oferecem testemunhas em potencial, e as gozações tornam arriscadas as interações entre gêneros, aumentando a distância entre meninas e meninos e marcando fronteiras entre os gêneros.

Outra questão, no fato aqui relatado, é que a falta de confiança daquelas meninas e de outras na sua competência limitava sua prática esportiva, bem como os espaços físicos ocupados por elas na escola. Por não se sentirem confiantes na sua capacidade de ocupar locais de difícil acesso, estes eram ocupados quase exclusivamente por meninos.

Loeffler (1997) faz uma distinção entre *competência* e *sensação de competência* e afirma que elas nem sempre coincidem e que muitas mulheres se consideram menos competentes para atividades realizadas ao ar livre do que, de fato, o são. Ela defende que programas de saída de campo (*outdoor programs*) — como caminhadas, escaladas — podem contribuir para que mulheres desenvolvam uma sensação de competência.

Durante as aulas, uma baixa "sensação de competência" manifestava-se mais frequentemente entre as meninas. Isso não significa que meninos nunca se mostrassem pouco competentes para realizar tarefas, entretanto eles buscavam disfarçar suas dificuldades, camuflando sua inabilidade para jogar vôlei e chutando a bola como se fosse um jogo de futebol, atividade na qual se sentiam confortáveis. Assim, o sentimento de incompetência estava diretamente relacionado à exclusão nos jogos:

> Em uma aula, as meninas jogavam vôlei e uma delas comentou com a professora que as outras não deixavam Camila tocar na bola. Questionadas pela professora, disseram que não lhe passavam a bola porque Camila se posicionava no canto da quadra, não havendo como recebê-la.

Em entrevista, todos contavam animadamente sobre os jogos escolares, enquanto Ludimila permanecia em silêncio. Pedi-lhe que falasse sobre sua experiência no jogo de vôlei, mas Natália adiantou-se dizendo: *"A bola quase nem ia para o lado dela".* Ludimila explicou-se: *"É porque eu fiquei mais no canto, assim".* O silêncio de Ludimila e o comentário de Natália parecem dizer: *"Ela não tem nada para falar, pois ela nem jogou!".* Qual, então, o motivo da não participação de Ludimila no jogo? A bola não ia para o lado dela ou ela não ia para o lado da bola?

Nas partidas de vôlei dessa turma, apesar de haver oito jogadores em quadra, praticamente apenas três meninos jogavam. Errar naquele momento era um risco alto demais para ser assumido e, por isso, esses três jogadores, com a conivência dos outros, encarregaram-se de precaver possíveis erros e, como eles mesmos disseram, "salvar o time". A importância da vitória nesses jogos aumentava as exclusões. Assim, se nas aulas algumas pessoas já tocavam mais na bola do que outras, durante os jogos escolares essa diferença se ampliava.

Ludimila e Camila não recebiam a bola porque eram excluídas nos jogos ou porque elas mesmas se excluíam deles? Camila não recebia a bola porque ficava no canto da quadra, e ficava no canto da quadra por não receber a bola. O mesmo vale para Ludimila, que disfarçava e explicava sua exclusão no jogo com sua posição em quadra. Não há como identificar onde começa esse processo, pois um leva ao outro: ao mesmo tempo que alguém era excluído no jogo pelos outros, também se excluía dele.

A imbricação dos processos de exclusão e autoexclusão era identificada pela professora, o que ela chamava de uma *"faca de dois gumes"*:

> *Sempre, em qualquer esporte [...] tem essa fala: "Fulano de tal sempre pega.". Aí vem uma questão, [é uma] faca de dois gumes. Por exemplo [...] aquela menina que nunca pega na bola, [...] se eu não incentivá-la também a correr e a lutar pelo espaço dela, ela nunca vai [jogar]. Se eu sempre ceder e colocar a bola na mão dela, [...] ela nunca vai brigar pelo seu espaço. Ela tem que também brigar pelo espaço, pelo menos, verbalizar aquilo que está sentindo. E incentivar essa aluna a correr atrás da bola mesmo: "Olha, se você não correr, você nunca vai aprender. A gente só aprende fazendo as coisas, não tem jeito.". Dando uns toques mais assim, para que a pessoa também se ajude.*

A professora também comenta sobre a dificuldade de intervir diante dessa situação, pois pressupor apenas que alguém se exclui do jogo pode levar à não intervenção e, por outro lado, considerar apenas que a pessoa é excluída pode levar a uma intervenção assistencialista, o que, como ela explicou, não contribuiria para a pessoa conquistar, por si mesma, seu espaço em quadra e aprender a jogar.

Um recurso utilizado por ela em algumas aulas era o de criar regras específicas, que possibilitassem maior participação feminina no jogo: condicionava-se o gol ao toque de todos os jogadores ou autorizavam-se apenas as meninas a marcá-lo. Entretanto, essas regras, por impedirem que um jogador livre de marcação, em frente à goleira, marcasse um gol, quebravam a dinâmica do jogo, e as meninas eram culpadas por isso, pois fora por causa delas que as regras haviam sido modificadas.

Alterar as regras do jogo pode representar, como diz Louro (1997), uma forma de ajustar o jogo à "debilidade" feminina, mais uma vez se consagrando a ideia de que o feminino é um desvio construído *a partir* do masculino. Assim, uma intervenção que se propõe a evitar a exclusão acaba, contraditória e simultaneamente, por gerá-la. A exclusão é aí tratada como unicamente de gênero, como se apenas as meninas enfrentassem esse problema, sendo desconsideradas outras formas de exclusão às quais a de gênero está acoplada. Privam-se, assim, outros excluídos dos possíveis benefícios gerados pela intervenção. Edmalson é um exemplo de alguém duplamente excluído, ou seja, um *excluído excluído*, pois ele era excluído no jogo quando jogava com as regras oficiais e também quando jogava com as regras modificadas.

4.5 Genereficação de habilidades esportivas

Na escola, o futebol era o esporte no qual se manifestava o maior número de conflitos entre meninas e meninos. Durante os Jogos Olímpicos Escolares, meninos e meninas jogaram vôlei, queimada e cabo de guerra em equipes mistas e futebol, separados.

Quando meninas e meninos eram perguntados se gostavam de fazer aula de educação física juntos, as respostas variavam entre afirmativas e negativas, mas, independentemente disso, as dificuldades e o desgosto de jogar futebol juntos apareciam em destaque. Para Davison, o problema residia no fato de os meninos serem mais violentos:

Tem algumas vezes que a professora faz futebol misturado com as meninas, daí depois machuca as meninas e aí vem a professora [reclamar] *[...] Ninguém gosta! [...] É, porque menino já é mais violento, né. Menina pega a bola e já chuta a canela da gente! Aí vem a professora falar que você chutou.*

Há um protesto na sua fala, ao dizer que, por serem mais violentos, meninos eram repreendidos pela professora e que isso não acontecia quando as meninas chutavam suas canelas. Tanto os estudantes quanto a professora consideravam chutes de canela não como atos violentos, mas como falta de habilidade para o jogo, sendo este outro motivo de eles não gostarem de jogar com elas:

Vítor: *Ah, porque a gente vai entrar nelas, elas vão e reclamam...*
Daniel: *Elas vão e racham a canela da gente.*
Tiago: *Chutam nossa canela, fazem a gente cair.*
Daniel: *Você está com a bola assim e as meninas vêm todas em você.* *[...] Não tem nem jeito de jogar.*

Entre as meninas, outra reclamação, além daquela sobre a violência dos meninos, era de que eles não passavam a bola, impedindo-as de jogar:

Camila: [No] *futebol, [...] eles não dividem a bola.*
Priscila: *É. Eles acham que são só eles!*
Camila: *A gente fica parado no meio do campo.*
Cristiane: *Outro dia eu estava jogando [...] e uma menina jogou a bola para mim.* [Foi] *a única vez que eu peguei na bola* [e] *[...] joguei para ela. Depois disso, [...] nunca mais!*

No entender da professora,

Os meninos têm aquela resistência que menina não joga nada. [...] "Ih, mulher não joga nada", "Ih, é mamata.", aquele negócio todo. Agora eu vejo que essa relação melhorou. Se você pega uma 5ªB, você vê uma Aline jogando com eles [...], é uma relação que não existia, de menina jogar. E ela joga bem, ela enfrenta. Então [...] isso vai depender da própria menina [...] que está ali jogando com eles. Se a menina jogar e mostrar [...] que sabe jogar, eles aceitam ela no grupo. Agora se a menina quer jogar e não consegue mostrar alguma coisa, ela não é tão aceita no grupo [...]. E tem a própria resistência das mulheres também, das meninas de não quererem jogar com os meninos [...]. Aí vem aquela questão que os meninos, desde quando se entendem como homem, estão com bola no pé [...] e as meninas não tiveram essa história que eles tiveram.

Para a professora, a diferença de habilidade provém das experiências esportivas distintas que meninos e meninas têm ao longo de suas vidas, pois eles, *"desde quando se entendem como homem, estão com bola no pé"*, e elas, não. Em entrevista que aparece nas páginas seguintes, a professora explica que Kessy jogava futebol com os meninos, pois tinha uma experiência intensa com esse esporte, dado o fato de seu pai ter uma escolinha de futebol.

Uma iniciação futebolística de meninas com meninos também foi observada entre jogadoras sul-americanas de futsal (Altmann e Reis, 2013) e na pesquisa em educação física escolar de Liane Uchoga (2012). Jocimar Daolio (1995) explica que as especificidades culturais de cada sociedade definem e colocam em prática uma construção cultural do corpo, e que a construção cultural do corpo feminino é diferente da do masculino. No caso brasileiro, os meninos tornam-se mais habilidosos esportivamente que as meninas.

Sousa (1994) mostra como o futebol, dada sua agressividade e competitividade, foi considerado, ao longo da história do ensino de educação física em Belo Horizonte, uma modalidade masculina e revela que o voleibol foi introduzido no ensino brasileiro para ser praticado por mulheres. Nos anos 1950, o vôlei era pouco praticado por homens, devido aos gestos considerados femininos exigidos para sua prática. Assim afirmou Hélio Sampaio: "Homem não podia tocar na bola com as mãos que era chamado de veado. O gesto de quebrar o punho para cortar a bola era tido como efeminado" (Sousa, 1994, p. 163).

A resistência dos meninos a jogar com as meninas porque consideram que elas não sabem jogar demonstra a naturalização de uma construção social. Isto, que Pierre Bourdieu (1995, p. 145) chamaria de sexismo, é um essencialismo que,

> como o racismo, de etnia ou de classe, [...] visa imputar diferenças sociais historicamente instituídas a uma natureza biológica funcionando como uma essência de onde se deduzem implacavelmente todos os atos da existência. E dentre todas as formas de essencialismo, ele é, sem dúvida, o mais difícil de se desenraizar.

A genereficação de habilidades esportivas constrói-se também na escola, de diversas maneiras, jogando futebol durante os recreios, participando das equipes escolares. A escola pesquisada oferecia aos discentes algumas atividades extraclasse: duas vezes por semana, fora do expediente de aula, equipes se reuniam para treinar algumas modalidades esportivas. Como contou a professora, no início do ano letivo, aos meninos foi oferecido futebol e vôlei e, às meninas, vôlei. Dada sua reivindicação, mais tarde elas começaram também a praticar futebol. Porém, o tempo despendido pelo professor com o treinamento de futebol das meninas não fazia parte da sua carga horária remunerada na escola.

O esporte, como afirma Michael Messner (1992, p. 173-4, tradução minha), é tanto uma instituição "genereficada", quanto "genereficadora":

> Os esportes organizados são uma "instituição genereficada" — uma instituição construída por relações de gênero. Enquanto tal, sua estrutura e valores (regras, organização formal, composição sexual etc.) refletem concepções dominantes de masculinidade e feminilidade. Os esportes organizados são também uma "instituição genereficadora" — uma instituição que ajuda a construir a ordem de gênero corrente.

De acordo com Georges Vigarello (2013), não restam dúvidas de que, ao menos desde as origens do esporte moderno, o esporte cria uma virilidade que atualmente supõe o crescimento do músculo, do combate, do controle e do sangue-frio. A virilidade, como uma qualidade, impõe-se no âmago da excelência esportiva. Por outro lado, a lenta imposição de práticas femininas esportivas desde a década de 1920, segundo o autor, desloca os temas da virilidade. Apesar do desinteresse e do desprezo histórico ao esporte feminino, a novidade se impõe: "no seio da própria prática feminina, no seio dos gestos, das posturas, dos procedimentos concretos" (Vigarello, 2013, p. 289). Mulheres buscam uma eficácia esportiva idêntica à dos homens, e essa nova distribuição das qualidades físicas leva a reinventar e a deslocar as diferenças.

Deslocamentos de códigos esportivos, códigos de virilidade e feminilidade eram observados na escola, como quando meninas jogavam futebol no recreio, reivindicavam uma equipe de futebol e jogavam com meninos, ou quando meninos jogavam vôlei e não queriam jogar futebol.

4.6 Meninas com meninos: desafio ou ameaça?

No dia em que iniciei a pesquisa de campo, presenciei uma disputa entre meninos e meninas para decidir com quem Tatiana e Aline jogariam futebol. A própria professora — em trecho de entrevista previamente citado — comentou que Aline jogava entre os meninos e que tinha conquistado seu espaço entre eles, provando saber jogar. Aline contou que, em casa, praticava esportes com seus primos, demonstrando que sua experiência esportiva era intensa. Nas contagens de toques nos jogos de vôlei, ela se destacou como alguém que jogava intensamente.

A professora relatou ainda que, nessa turma, o fato de os meninos serem em menor número que as meninas havia oportunizado uma primeira inserção de Aline entre eles, pois um time

masculino precisava ser completado com meninas. Isso deu oportunidade a que percebessem que ela sabia jogar, de forma que
passaram a aceitá-la nos jogos. A professora assim explicou:

> *Aline é super-respeitada no meio dos homens [...] eles pedem para ela
> jogar. Como tem a Carla surgindo aí também [...] "Nossa, a Carla joga
> bem 'pra caramba'." "Nossa, olha lá, meu! Olha como a Carla joga, ela
> entende de bola!" Isso quer dizer, ela já conquistou o espaço [...] entre
> os meninos. Então é questão também de elas terem oportunidade de
> mostrar que também sabem jogar. Com certeza a Carla joga na rua,
> tem uma vivência maior no futebol, como a Aline também e como tinha
> uma menina, a Kessy [...]. O pai dela [...] tem uma escolinha de fute-
> bol. Ela sabe tudo, ela gosta de jogar, ela enfrentava, jogava com os
> meninos. [...] Se naquele momento o professor [...] propicia times
> mistos, dando oportunidade de conseguir essa relação, é mais fácil.
> Agora [...], se professor não está nem aí e sempre divide a turma, nun-
> ca acontece.

Aline não era um caso isolado: a professora contou sobre duas
outras meninas que também haviam conquistado espaço entre os
meninos, pois jogavam bem futebol, e ela deu oportunidade para
que meninos e meninas jogassem juntos.

A possibilidade de os docentes reunirem meninos e meninas
para jogarem juntos e, assim, poderem solapar as separações de
gênero foi destacada por Thorne (1993). Como evidência desse
fato, ela mostra que, nos recreios, a separação tendia a ser maior do
que durante as aulas. Ao tentarem tratar os estudantes de maneira
justa e garantir a todos as mesmas oportunidades, os professores,
muitas vezes, questionavam os padrões de exclusão das crianças, e
a intervenção docente ou o estabelecimento de regras abriam caminho para relacionamentos entre gêneros. Adicionada a isso, a
presença dos adultos diminuía os riscos de "gozação" e alterava a
dinâmica do poder: meninos e meninas, como grupo, passavam a
ocupar a posição subordinada de ser criança, resistindo ou aceitan-
do a autoridade adulta.

A contribuição de um adulto para diminuir a separação de gênero depende de como este intervém com os discentes. A professora tinha uma visível preocupação em evitar a divisão de meninos e meninas durante as aulas: incentivava e até exigia que os grupos e equipes fossem mistos, estava atenta aos conflitos surgidos a partir dessa prática conjunta, dialogando com os estudantes sobre eles.

Juntamente com um menino, Aline foi a menina escolhida como representante de turma nos Jogos Olímpicos Escolares, tendo recebido sete votos dos oito meninos presentes na aula naquele dia. A fala da professora e essa votação mostram a popularidade de Aline entre os meninos.

Seu espaço no grupo, porém, precisava ser constantemente reafirmado. Certo dia, diferentemente de outras vezes, não quiseram que Aline jogasse com eles:

> A aula era livre e, enquanto as meninas jogavam vôlei e queimada, Aline subiu correndo para a quadra de futebol onde os meninos já organizavam os times. Eles não queriam deixá-la jogar, argumentando que havia muita gente. Sem se dar por vencida, ela contra-argumentava que, se não jogasse, ficariam cinco jogadores contra seis. Eles queriam que jogasse cinco contra cinco, ficando um na reserva. Vendo que ela não desistia da ideia, Robson disse: *"Você vai catar, então"*, ou seja, Aline seria goleira. Ela não aceitou a imposição, ficou por ali até Eduardo consentir sua participação. Durante o jogo, foi Eduardo quem lhe fez os poucos passes que recebeu, o que não significa, porém, sua não participação na partida: ela corria atrás da bola sem esperar recebê-la, e assim conquistava espaço no jogo. Quando roubou a bola dos pés do Marcelo, Robson prontamente gritou: *"Pra menina, Marcelo! Pra menina!"*. Aline fez um gol e, ao término da partida, um menino fez o seguinte comentário a um colega: *"Só você não fez gol. Até Aline fez!"*.

Os motivos que conduziram à posterior baixa da popularidade de Aline entre os meninos parecem ser vários, entretanto um deles é especialmente importante para esta análise: durante os jogos escolares, Aline não tivera o desempenho esperado nas partidas de futebol, e a derrota da turma gerou indignação entre os meninos. Expectativas excessivamente altas sobre ela e sobre sua capacidade individual de garantir uma vitória coletiva produziram frustação. De forma equivocada, coube a ela — e não à equipe como um todo — a responsabilidade pela derrota. Estas observações mostram o quanto seu desempenho no futebol era um fator determinante de sua popularidade entre os meninos, a qual ficou abalada quando ele foi insuficiente para uma vitória da turma.

Para um menino, jogar bem futebol também era um meio de garantir popularidade e respeito entre os colegas. O objetivo último de um jogo era ser o melhor, tanto individualmente quanto em grupo, alcançando a vitória e o prestígio. Ao explicar como formavam os times, a professora contou que os cinco melhores jogavam contra os cinco piores e, se houvesse mais gente, quem não estivesse entre esses dez, ou seja, quem fosse tido como ainda pior que os piores, nem jogava, pois *"eles querem ganhar"*. Pela mesma razão, não queriam jogar com meninas: *"Eles querem ganhar e, as meninas não sabendo jogar [...], não [são] um desafio para eles [...]. Agora, mesmo sabendo que uns meninos não sabem jogar, colocando meninos, ali vai ter um desafio."*

Jogar bem contra uma menina não significava muito; afinal de contas, "fora apenas contra uma menina". Entretanto, jogar mal contra ela era profundamente vergonhoso, e tão surpreendente quanto perder a bola para uma menina era "até" ela fazer um gol e um menino, não. Isso significava, segundo seus critérios, que o menino tinha jogado muito mal, pois seu desempenho fora inferior ao da menina, e esta era a pior avaliação que ele poderia receber: ter jogado pior que uma menina, como se este fosse o critério último de qualidade.

Resumindo, os meninos não tinham interesse em jogar com as meninas, por considerarem que elas não sabiam jogar e por não representarem um desafio para eles. Portanto, o cartão de entrada da menina no jogo dos meninos era jogar bem, mas, contraditoriamente, jogar com essa menina, mais do que um *desafio*, passaria a ser, para os meninos, uma *ameaça* à sua imagem masculina. Ainda que de maneira menos intensa, em outros esportes, "a ameaça da superioridade feminina" também se fazia presente. Ludimila contou que não gostava de jogar com meninos, porque *"se a gente queima um menino, ele não aceita, fica avacalhando, não deixa a gente jogar. Menina já aceita mais".*

Preocupação semelhante com o desempenho feminino existiu na década de 1930, ao ser implantada a coeducação no ensino em Minas Gerais. Um dos argumentos contrários à nova determinação, de um porta-voz da Igreja Católica, fundamentado em Rousseau, foi o de que, se as meninas obtivessem notas melhores, estariam humilhando os meninos, colocando-os em condição de inferioridade, de pessimismo, de desânimo, o que seria, evidentemente, prejudicial ao espírito do rapaz (Sousa, 1994). Apesar dos argumentos contrários, meninos e meninas passaram a frequentar a mesma escola, e nela o jogo tornou-se um instrumento de diferenciação e hierarquização dos sexos. Disputas entre meninas e meninos eram organizadas, e — como mostra um depoimento sobre aquela época — a vitória das meninas, ainda que pouco frequente, gerava muita confusão. Como comenta a autora, "um menino, derrotado por uma menina, tornar-se-ia um fraco, ou seja, perderia seu poder perante o sexo oposto" (Sousa, 1994, p. 80).

Com um último relato, finalizo a discussão sobre a questão da exclusão:

A proposta da professora de que as meninas desafiassem os meninos num jogo de vôlei foi recebida com entusiasmo pela turma. Logo, porém, surgiu um impasse: havia mais meninas do que meninos para jogar. Ela fez menção de algumas delas jogarem com eles ou então de tirar algumas de quadra para igualar o número de jogadores, mas meninas e meninos foram veementes em discordar de ambas as ideias. O jogo iniciou-se apesar da diferença numérica, e a turma jogou animadamente, comemorando cada ponto, e os meninos, discutindo a cada erro — as meninas haviam combinado de não xingar quem errasse.

Com essa proposta — na qual as meninas deveriam desafiar os meninos e não o contrário —, a professora criou uma atmosfera competitiva para o jogo, tornando-o mais animado do que se os times tivessem sido escolhidos aleatoriamente, como em outras vezes. Criou-se, assim, uma identidade entre os jogadores que os motivou a jogar. Enquanto a identidade que os unia ali era a de gênero, nas olimpíadas havia sido a de turma, e a motivação decorrente, em ambos os casos, foi semelhante.

Outrossim, o maior número de meninas em quadra em nada contribuía para que melhorassem seu desempenho; pelo contrário, o grande número de jogadoras poderia ter dificultado a organização da equipe. Além disso, esse desequilíbrio numérico serviria de desculpa para uma possível derrota masculina, o que, de fato, aconteceu. A situação de *desafio* fora criada e a de *ameaça,* amenizada.

5

Gênero em jogos e brincadeiras infantis

Divisões de gênero manifestavam-se em diversas instâncias escolares, como na lista de chamada — na qual os nomes dos meninos apareciam antes dos das meninas —, na escolha de representantes de turma — quando sempre uma menina representava a elas e um menino, a eles —, nos esportes, em jogos e brincadeiras...

Durante um jogo misto de handebol, dois meninos gritaram da arquibancada: *"Ô, Marcos, toca só para o Jean! Mulher nasceu é para pilotar fogão, não é para jogar bola não"*; *"É, é para pilotar fogão! Essas Marias-homem ficam jogando bola!"*.

Neste capítulo, são descritos e analisados jogos e brincadeiras criados pelas próprias crianças, vivenciados nas aulas e em seus intervalos. Fronteiras de gênero e sexualidade ora eram delimitadas, ora cruzadas por essas práticas.

O papel do jogo na formação da criança é amplamente reconhecido.[1] O sucesso da indústria de brinquedos a partir do final do século XIX generalizou brinquedos distintos para meninos e meninas, produzindo e reproduzindo certos estereótipos de gênero.

---

1. Muitos pesquisadores têm se debruçado sobre essa questão, sendo a obra de Vygotsky (1984) uma das referências de maior importância no campo educacional.

Refletindo acerca da construção da virilidade, Arnaud Baubérot (2013, p. 195) afirma:

> A conformidade dos brinquedos masculinos aos padrões da virilidade resulta, provavelmente, menos de uma estratégia consciente do que das pressões do conformismo social e do desejo das crianças em imitar a vida adulta para atribuir-se, de forma imaginária, as qualidades, as competências e as experiências desse universo adulto. [...] O fato é que, mesmo não sendo especificamente concebidos enquanto instrumentos para a manutenção dos estereótipos dominantes e, em uma medida que permanece impossível de se avaliar de fato, contribuem para a interiorização do hábito viril pelas crianças do sexo masculino.

Os jogos e as brincadeiras descritos e analisados neste capítulo não são industrialmente produzidos, mas criados dentro de uma cultura escolar infantil informal. No entanto, conforme será demonstrado, também contribuem para a interiorização de hábitos masculinos e femininos.

5.1 Simulações de brigas

No início do semestre, os recreios eram embalados pelo som de berimbaus e batidas de palma. No centro de uma roda, meninos — na sua maioria da 6ª série e outros poucos de fora da escola — jogavam capoeira. Várias meninas ficavam por perto olhando e conversando, e algumas poucas ajudavam a incrementar o som das palmas ou a compor a roda, mas não ocupavam seu centro.

Apenas dois motivos geravam o esvaziamento da concorrida fila da merenda: o fim da comida e alguma briga, que ocorria geralmente entre meninos. Em volta da briga, rapidamente uma multidão se aglomerava e a troca de agressões só não durava muito tempo porque, com o "corre-corre" e os gritos de incentivo, o coordenador de turno não tardava a aparecer. Algumas vezes, as brigas eram postergadas para a saída.

Nas entrevistas, os meninos contaram diversos casos de brigas e, fossem elas na escola, no bairro ou na família, os envolvidos eram predominantemente pessoas do sexo masculino, demonstrando que estas lhes eram mais significativas do que às meninas. Nas pastas de acompanhamento das turmas, havia 20 registros de brigas ou atitudes violentas de meninos e apenas um envolvendo uma menina. Na sua ficha, estava registrado: "Brincando com o Lucas de empurrá-lo na chuva. Foi advertida."; na do Lucas: "Brincando de empurrar a Gabriele na chuva e o fez de maneira violenta. Foi advertido."

Além disso, socos e chutes eram trocados na forma de "brigas de brincadeiras" — por eles chamadas de "Briguinhas". Algumas vezes elas ocorriam informalmente, noutras, eram organizadas com regras e nomes próprios, como: "Hoje não", "Pimentinha", "Matemática", "Base aérea". Para cada um desses jogos, existia uma rede de participantes e a entrada de um novo membro se dava quando ele entrelaçava seu dedo mínimo no de um que já integrava a rede. Uma vez ligado, o desligamento só era concedido com o mesmo procedimento e com a mesma pessoa com quem originalmente se ligara.

No jogo "Hoje não", toda vez que soasse o sinal para o início ou o final de uma aula, alguém ligado podia agredir fisicamente qualquer outro integrante da rede e, ao fazê-lo, deveria dizer: *"Hoje não"*. Quem recebesse a agressão só poderia retribuí-la ao soar do próximo sinal.

Outros jogos valiam-se do mesmo mecanismo de formação de redes, como explicaram alguns meninos:

Você liga "Pimentinha", né. Toda hora que alguém falar alguma palavra com "P", você tem que bater até ele falar pimentinha.

"Matemática": se você falar qualquer número, você pode descer o couro!

"Base aérea": passa um avião [...], aí você pode quebrar o menino. Aí, só quando ele falar "base aérea", aí para de bater.

Já na brincadeira "Me chute", a participação, independente de se estar ligado à rede, era aberta a todos, ou melhor dizendo, a ela todos os meninos eram vulneráveis:

"Tem um negócio, assim tipo de piada, de brigar [...], um coloca nas costas do outro um negócio escrito 'me chute' [...]. Bate no menino e ele fica até chorando."

Os relatos anteriores se referem a diferentes formas de brigas, sejam elas "reais" ou "fictícias", geradas por alguma discórdia ou simulações. A capoeira, apesar de ser considerada um jogo — diz--se "jogar capoeira" —, é um jogo em forma de luta. Quanto às "Briguinhas", elas se diferenciavam tenuamente das brigas, havendo sempre dúvidas sobre quando se tratava destas ou daquelas. Os próprios meninos não marcavam essas diferenças com clareza, pois o que motivava a atividade era justamente a incerteza e a possibilidade de testar até onde os limites dessa divisão podiam ser ultrapassados — seja entre quem jogava, seja em relação à professora ou ao professor. Diferentemente dos estudantes e sabendo que o que começava como brincadeira facilmente terminava em briga, os docentes raramente interpretavam "Briguinhas" como brincadeiras, sendo elas motivo de repreensão ou, até mesmo, de expulsão de aula.

A ambiguidade de alguns jogos foi também observada por Thorne (1993), o que a levou a destacar a fragilidade da definição de jogo, em que seus participantes precisavam continuamente sinalizar as fronteiras distintivas entre jogo e não jogo. Essa ambiguidade criava tensão, pois nunca se tinha certeza da direção que seria tomada.

Mesmo que não fossem obrigados a integrar as brincadeiras "Hoje não", "Matemática", "Base aérea" e "Pimentinha", havia, entre os meninos e na própria estrutura dessas práticas, uma cobrança não revelada de participação. Ao se tornarem parte do grupo, ficavam presos à rede de jogadores e dependentes da concessão do outro para sair. Além disso, aceitar esse tipo de brincadeira era importante para quem não quisesse ser considerado fraco e, como consequência, homossexual. Robson referiu-se a um colega de rua que não brincava disso como o *"gayola, boiola, [que] não aceita nada"*.[2] Várias vezes, durante a entrevista, os meninos comentaram o quanto Marlon era fraco.

O mais fraco da sala é o Marlon! Até menina bate nele!
O Marlon também parece um bichinho. [...] *Eu inventei um apelido para ele, de "Mamãe sou gay"!*

Ao destacar a interconexão existente entre gênero e sexualidade na escola, Marítín Mac an Ghaill (1996) afirma que esta não apenas reflete a ideologia sexual dominante da sociedade mais ampla, bem como ativamente produz divisões de gênero e heterossexuais. Segundo ele, os sistemas escolares modernos são espaços culturais significantes que ativamente produzem e reproduzem uma cadeia de masculinidades e feminilidades heterossexuais diferenciadas e hierarquicamente ordenadas. Além disso,

as várias formas de masculinidade/feminilidade hegemônicas nas escolas estão crucialmente envolvidas em policiar as fronteiras da heterossexualidade ao lado das fronteiras de masculinidade/feminilidade "apropriadas". Por exemplo, [...] ser um "verdadeiro menino" é estar publicamente em oposição e distante das versões femininas e feminizadas da masculinidade (Mac an Ghaill, 1996, p. 199; tradução minha).

Assim, brigas, "briguinhas" e o esporte eram maneiras de demarcar fronteiras. Brincando de brigar, os meninos policiavam as fronteiras da heterossexualidade, mantendo-se distantes de versões femininas e feminizadas de masculinidade; distantes de ser um *calcinha cor-de-rosa*, como foi chamado um menino em meio a uma discussão. O envolvimento com o esporte na escola — como tam-

---

2. Estas e outras expressões de baixo calão utilizadas para referirem-se à homossexualidade foram usadas pelos próprios sujeitos da pesquisa. Foram mantidas no livro no sentido de oferecer um registro fiel a respeito da homofobia presente no cenário escolar, exercida aqui através da linguagem. O combate à homofobia na escola tem sido objeto de políticas públicas brasileiras, bem como foco de intervenção de outras organizações, como a Unesco.

bém aponta o autor no estudo supracitado — podia ser lido como um indicativo do que significa ser um "verdadeiro menino", ao passo que o não envolvimento podia ser associado à homossexualidade. A relação entre esporte e masculinidade ou virilidade tem sido estabelecida por vários autores (Dunning, 1992; Vigarello, 2013). Badinter (1993, p. 94) afirma que esportes que envolvem competição, agressão e violência são considerados a melhor iniciação à virilidade, pois ali o pré-adolescente mostra o desprezo pela dor, o controle do corpo, a força dos golpes, a vontade de esmagar os outros. "Em suma, mostra que não é um bebê, uma moça ou um homossexual, mas um 'homem de verdade'." Um fato ilustrativo ocorreu em uma aula:

> João não quis jogar futebol, surpreendendo seus colegas e gerando comentários depreciativos por parte de alguns. A professora disse à turma que nem todos precisavam gostar deste esporte e depois, em particular, incentivou João a participar do jogo. No dia seguinte, ele confessou quase não ter ido à escola para não jogar futebol. Dias mais tarde, numa aula em que podiam fazer o que quisessem, ao ver que João não jogaria futebol, um colega perguntou: *"De novo?"*

A professora conversou com a turma no sentido de desconstruir a ideia de que todos os meninos precisam gostar de jogar futebol, ao mesmo tempo que incentivou João a fazê-lo. A participação nas atividades de aula era obrigatória a todos, de modo que se exigia de João que jogasse futebol, da mesma maneira que a participação de outros estudantes era cobrada em qualquer outra atividade proposta. No entanto, João sentiu-se pressionado, como demonstrou ao manifestar seu desejo de não ir à escola no dia seguinte. Somente após algum tempo, vendo que João continuava esquivando-se de jogar futebol, a turma passou a aceitar sua opção e a intensidade das cobranças foi regredindo.

Assim, ainda que existissem cobranças entre os meninos para que praticassem esportes ou participassem de brigas e briguinhas, a sujeição a tais cobranças não era completa, mostrando que o controle das fronteiras de gênero e sexualidade na escola não evita, em absoluto, seu cruzamento.

5.2 Toques de sedução e toques camuflados

Para o jogo "Vinte e um", formava-se uma rede de participantes semelhante ao jogo "Hoje não" e, uma vez ligadas, meninas precisavam andar sempre com uma parte da roupa dobrada. Se, quando alguém lhe dissesse "Vinte e um", ela não tivesse nenhuma dobra, teria que dobrar 21 vezes seguidas uma mesma parte da roupa. Enquanto ia aos poucos expondo alguma parte do corpo, as outras em volta contavam em coro até 21. Um ou outro menino as observava discretamente.

Nas semanas antecedentes ao Dia dos Namorados, as meninas andavam pela escola com papel e caneta em punho, perguntando números às pessoas. Atrás da folha, havia nomes de dez meninos; na frente, a fruta preferida da menina, a frase que ela gostaria de ouvir de um deles e os números de um a dez, onde seriam marcados os votos. Contando o número de letras da fruta, obtinha-se o primeiro voto a um dos meninos e, a seguir, ia-se perguntando um número de 1 a 10 a qualquer pessoa que passasse para que, no dia 12 de junho, o menino mais votado imaginariamente declarasse a frase escolhida à menina.

Enquanto diversos jogos de meninos envolviam força e agressividade, naqueles jogados por meninas transpareciam questões como sedução e namoro.

Durante uma entrevista, um menino me contou que sua mãe não o deixava brincar com meninas para *"não pegar jeito"*, ou seja, não se tornar homossexual. Este comentário pode ser remetido a uma pesquisa de Sara Delamont (1985), que foi referência importante nos estudos de gênero no âmbito escolar: ao observar estudantes de escolas elementares inglesas, percebeu que eles tinham certo tabu acerca de tocar ou aproximar-se de alguém do outro sexo. Circulava na escola uma ideia imaginária de que se meninas se aproximassem de meninos, significaria que estavam apaixonadas por eles ou, caso os meninos tocassem nelas, poderiam misteriosamente se contaminar, tornando-se menos masculinos e portanto homossexuais.

Em pesquisa realizada na educação infantil, Marina Mariano (2010) observou ações semelhantes, em que a professora não apenas separava meninos e meninas na maior parte das atividades práticas de educação física, mas também exercia controle sobre as crianças, sobre sua posição e seu comportamento em aula, e insinuava ameaças de um menino tornar-se menina, ao posicionar-se em local reservado a elas.

Na escola pesquisada em Belo Horizonte, o risco de a aproximação de alguém do outro sexo significar uma paixão era vivenciado por meninos e meninas. Quanto ao "risco de contaminação", o toque era vinculado à homossexualidade, quando ocorresse entre dois meninos. Enquanto meninas se tocavam com frequência, deitando no colo uma da outra, penteando cabelos, trocando beijos e abraços, meninos "camuflavam" seus toques por meio de jogos e esportes. Além do contato físico inevitável durante a partida, gols ou pontos eram comemorados com trocas de abraços — contatos nunca vistos em outras ocasiões. Assim, por meio de jogos, "briguinhas" e esportes, os toques tornavam-se legítimos, passavam a ser aceitos, por estarem envoltos de agressividade e por serem exigência da própria estrutura da atividade.

Certo dia, antes de a aula ter início, um menino, sentado atrás de outro na arquibancada, fazia-lhe carinho no pescoço com as pontas dos dedos. Tão logo perceberam que eu os observava, trataram de se explicar: se aquele que recebia os carinhos fizesse algum movimento, como de mexer os ombros, era um indício de ser homossexual.

A preocupação dos meninos em demarcar que aquilo não se tratava de troca de carinhos, mas de um jogo, é significativa do quanto o toque era interditado entre eles. Esse jogo policiava fronteiras de uma masculinidade heterossexual e, para tanto, ainda que o toque fosse permitido, a sensibilidade a ele não era, pois a sensibilidade de um menino ao toque de outro seria interpretada como demonstração de homossexualidade. Em contrapartida, porém, Elisabeth Porter (1996, p. 63, tradução minha) aponta: "A cultura escolar de violência diária, na qual empurrões, socos e palavrões entre meninos são aceitos como normais, significa que gerações deles crescem associando agressão física e supressão de emoções com masculinidade..."

Como mostram as diferenças entre jogos praticados por meninos e meninas, as imagens masculinas e femininas hegemônicas que circulavam na escola estavam vinculadas, respectivamente, à força e à sedução, e ambas à heterossexualidade. As diversas e constantes maneiras de controlar essas fronteiras evidenciam que

o que está sendo proposto, objetiva e explicitamente, pela instituição escolar, é a constituição de sujeitos masculinos e femininos heterossexuais — nos padrões em que a escola se inscreve. Mas a própria *ênfase* no caráter heterossexual poderia nos levar a questionar a sua pretendida "naturalidade". Ora, se a identidade heterossexual fosse, efetivamente, natural (e, em contrapartida, a identidade homossexual fosse ilegítima, artificial, não natural), por que haveria necessidade de tanto empenho para garanti-la? Por que "vigiar" para que os alunos e alunas não "resvalem" para uma identidade "desviante"? Por outro lado, se admitimos que *todas* as formas de sexualidade são construídas, que todas são legítimas mas também frágeis, talvez possamos compreender melhor o fato de que diferentes sujeitos, homens e mulheres, vivam de vários modos seus prazeres e desejos (Louro, 1997, p. 81-2; grifos da autora).

5.3 Brincos e cortes de cabelo

Diversos meninos na escola usavam brinco, e o lado em que fosse usado era visto como uma chave de informações sobre sua sexualidade:

Vinícius: *Ah, na direita é "bicha"! [...] Aí é gay, aí não pode dar soco, não.*

Daniel: [Na] *esquerda é, é [...], é* boy, *que eles falam.*

Vinícius: *E* [na] *direita, eles falam que é "mãozinha"! [...] Se você tiver brinco nas duas orelhas, até que não tem muito a ver, não. É meio "mulherzinha", né, mas se você tiver só na esquerda não tem nada a ver não. Mas se tiver um brinco na direita, aí é* gay *mesmo!*

Brincos deveriam ser usados na orelha esquerda; usá-los nas duas orelhas *até* que não tinha problema — como se o uso do brinco na orelha esquerda compensasse o uso dele na direita —, mas quem usasse só na direita era considerado homossexual, era *mãozinha*. Ser *mãozinha* significava ter o pulso fraco e a mão caída para baixo e, dada essa fragilidade, bater nesta pessoa seria uma covardia.

Para mostrar que, mesmo com um brinco na orelha, seu pulso não era fraco, Robson bateu em um vizinho, como contou, ao explicar por que deixara de usar brinco:

Os outros ficam chamando a gente de bichinha, eu tive que xingar um. Um dia, um menino lá na minha rua [disse]: *"Oh, você virou bichinha!" Eu [respondi]: "Vem cá e dá na bichinha!" Ele veio, eu tive que dar um murro na cara. Quase saiu sangue do nariz dele! Eu: "Vem cá dar em mim". Aí, quando ele [...] chegou perto de mim, eu já fechei o braço, "É agora, vou soltar o braço para cima dele!" O menino chegou, todo manhoso [...] lá no passeio e... começou a chorar.* {outros riem} *Eu [falei], "Essa eu vou assisti de camarote!"*

No seu relato, Robson desafiou o menino a lhe bater e, a fim de explicitar a inverdade da acusação, bateu no colega, segundo ele, até ele chorar e quase sair-lhe sangue do nariz. Inverteram-se assim os insultos, pois, mostrando que frágil é não quem usa brinco, mas quem fica chorando no passeio, Robson passou adiante o rótulo de homossexual que lhe fora atribuído.

A esse respeito, em um estudo sobre a cultura sexual brasileira, Parker (1991, p. 75) constatou que, assim como "o homem, como homem", é entendido, ao menos parcialmente, em oposição à mulher, "o homem, como machão", é compreendido em contraste com figuras adicionais ligadas à homossexualidade ou a um homem traído. Isso é "tudo que o verdadeiro homem não pode ser".

Deborah Britzman (1996, p. 82) afirma que, apesar de as identidades — dentre elas, a sexual — serem construções instáveis, mutáveis e voláteis, relações contraditórias e não finalizadas, a heterossexualidade é posicionada como a sexualidade estável e natural, o "normal": "As construções da sexualidade funcionam discursivamente para normalizar aquilo que é marcado (a homossexualidade) e aquilo que é não marcado (a heterossexualidade)." A obsessão pela normalização da sexualidade é chamada pela autora de "heteronormatividade". Assim, uma "heteronormatização" ocorria a partir do controle — do uso de brinco, de quem jogava ou não futebol, ou por meio das brincadeiras descritas anteriormente —, que se manifestava mais intensamente entre meninos do que entre meninas.

Nas palavras de Sócrates Nolasco (1995, p. 18),

> no que se refere à preferência sexual, um menino vive sob vigilância contínua, para que se saiba quão determinado é com relação à sua escolha. Excluídas as manifestações de força física e violência, qualquer possibilidade de demonstração de ternura, carinho ou dor é diretamente associada a uma dúvida sobre a escolha sexual.

Por outro lado, o autor enfatiza que, mesmo que isso valha para muitos homens, o masculino vem sofrendo sucessivas relativizações, e não faz mais sentido pensá-lo como categoria universalizante e totalizadora.

A legitimidade da representação masculina associada a comportamentos de virilidade, posse, poder e atitudes agressivas se "relativiza", abrindo frente a outras possibilidades de representação do homem. É neste sentido que não se acredita mais que exista *o masculino* como único conceito norteador e gerador de referências para o comportamento dos indivíduos.

É necessário avançar além deste suposto *homem feminino*, para compreender que os esforços dos indivíduos estão dirigidos para a busca de legitimação de desejos e comportamentos até então socialmente atribuídos à mulher. Se por um lado a denominação homem feminino garante certa qualificação para alguns desejos, por outro, ela encarcera o indivíduo no campo dos estereótipos sexuais (Nolasco, 1995, p. 19; grifos do autor).

O rompimento de fronteiras e a pluralidade de masculinidades podem ser exemplificados a partir de outros relatos sobre João e sobre a admiração de seus colegas por ele.

João era extremamente popular na turma, o que se mostrou mais do que nunca evidente na votação para escolha do almejado cargo de diretor esportivo dos Jogos Olímpicos Escolares: ele recebeu 20 dos 34 votos — dez de meninas e dez de meninos —, enquanto nenhum outro candidato recebeu mais que quatro votos.

Ele usava cabelos compridos e, numa sala de aula, um menino sentado na minha frente comentou que o cabelo de João era "chique" e que não entendia por que queria cortá-lo.

Após ter cortado o cabelo, João assim explicou sua atitude:

João: *Ah, todo mundo enchia o saco! Todo mundo! [...] Minha mãe, até meu pai, que estava também [...] com cabelo grande, mandou eu cortar, as professoras, meus primos, minhas tias. Agora que eu cortei, eles estão todos querendo que eu fique com o cabelo grande de novo, menos minha mãe e minhas professoras.*

Pesquisadora: *As professoras diziam que você tinha de cortar o cabelo?*

João: *É, estão querendo que eu corte de novo. Ah, eu falo com elas que eu vou cortar, mas não, vou deixar desse jeito.*

Pesquisadora: *E os seus colegas, lhe "enchiam o saco" sobre o cabelo?*
João: *Não. Uns até inventavam apelido para mim, por causa do cabelo!*
Pesquisadora: *Que apelido?*
João: *"Pirainha"!* {Solta uma gargalhada.} *[...] Mas eles me chamavam mais é de João mesmo.*
Pesquisadora: *E quando você cortou, eles falaram alguma coisa?*
João: *[...] Quase ninguém não falou nada, só falaram assim: "Ah, ficou chique, ficou doido!" Agora estão [...] querendo que eu deixe o cabelo crescer de novo!*

Por afrontar padrões tradicionais através do uso do cabelo longo, João foi apelidado com um termo pejorativo utilizado para se referir a uma mulher que mantém relações sexuais com muitos homens. Tal termo, utilizado apenas no feminino, demonstra desigualdades de gênero relacionadas ao comportamento sexual, pois, na cultura brasileira, um comportamento semelhante por parte de um homem não é adjetivado da mesma maneira.

Além disso, a resposta de João mostrou a contradição de sua imagem perante seus colegas, pois, seus cabelos longos e sua coragem eram simultaneamente recriminados e admirados. Ligação semelhante entre admiração e recriminação aparece mais à frente, em brincadeiras que os meninos, apesar de quererem delas participar, chamavam de brincadeira *"de muiezinha"*.

5.4 Brincadeiras *de muiezinha* com meninos

No final do primeiro semestre, brincava-se muito com tazos — pastilhas recebidas de brinde na compra de salgadinhos da Elma Chips. Jogavam em duplas, cada um dos jogadores apostando no mínimo um tazo, que eram então empilhados no chão ou sobre uma mesa. Neles, os participantes jogavam com força outro tazo ou um tazo master, com o objetivo de virá-los e adquiri-los para si.

Havia quem jogasse tazo e quem apenas os colecionasse, sem se dispor a jogar ou, dispondo-se, no máximo, a jogar "sem valer", para, no caso de derrota, não ter o adicional desgosto de ficar sem seu brinquedo. Várias meninas faziam parte deste último grupo e algumas poucas jogavam "pra valer".

Esse jogo era disputado nas arquibancadas do pátio e durante as aulas, quando muitas pastilhas acabavam sendo recolhidas pelas professoras ou professores. Os meninos eram os principais fornecedores de tazos dos docentes que, insatisfeitos com os distúrbios gerados por este jogo nas aulas, proibiram os tazos na escola a partir do segundo semestre.

A primeira questão que ressalto é o fato de praticamente apenas meninos jogarem tazo durante as aulas, o que corrobora a afirmação, feita na análise sobre a ocupação do espaço físico escolar, de que meninos transgrediam mais as normas escolares do que meninas. Independentemente de onde jogassem, a competitividade do jogo entre os meninos era maior, pois, quando praticado por eles, além da vitória, também estavam "em jogo" os tazos.

No que se refere à competitividade, Mônica Schpun (1997), ao estudar o desenvolvimento do esporte organizado em São Paulo na década de 1920 — que ocorreu segundo uma lógica extremamente elitista, em espaços privados —, demonstra que, quanto menos competitiva fosse a atividade, mais as mulheres tomavam parte. Os homens praticavam esportes, enquanto as mulheres, ginástica, a qual era completamente despida de competitividade, agressividade, desejo de vitória, ou seja, das emoções constitutivas dos jogos coletivos. Esportes equestres e tênis foram os primeiros praticados pela elite feminina, os quais não eram somente exercício, mas um meio de aliar a graça e a harmonia dos movimentos à possibilidade de competir.

Na escola, segundo Grugeon (1995), há uma separação de gênero bastante rígida nos jogos e, enquanto os praticados por meninas apresentam um caráter cooperativo, nos jogos dos meninos predomina a rivalidade. Porém, Thorne (1993) demonstrou situações em que a noção de "lados opostos" entre meninas e meninos era subvertida em jogos e brincadeiras. E, para Susan Willis (1996), no lugar de confirmar estereótipos polarizados de gênero, jogos infantis têm o poder de liberar a imaginação e transformar identidades sociais tradicionais, pois os jogadores testam, desafiam e redefinem constantemente suas relações um com o outro e com a sociedade mais ampla.

Pesquisando na educação infantil, Finco (2010b) e Vianna e Finco (2009) têm demonstrado que, apesar das diversas formas de controle social e escolar, os corpos de meninas e meninos escapam às fronteiras de gênero:

> A possibilidade de participar de um coletivo infantil, a capacidade de imaginar e fantasiar, os momentos livres e autônomos de brincadeiras, os tempos e espaços com menor controle dos adultos permitem a criação de diferentes formas de burlar as estruturas propostas e de iniciar sempre um novo movimento de transgressão (Finco, 2010b, p. 18).

Entre os estudantes pesquisados, uma divisão das atividades por gênero nem sempre era explícita ou acordada entre todos. No entanto, os cruzamentos das fronteiras dessas divisões não ocorriam sem que alguns riscos estivessem presentes, como o de ouvir comentários semelhantes aos ditos a João:

> *Ano passado eu sempre brincava com as meninas. [Com] menino mesmo, eu nunca brincava. [...] Os meninos ficavam entrando nas nossas brincadeiras com meninas e: "Ah, isso aí é brincadeira de 'muiezinha'. Ah, isso aí é brincadeira de 'muiezinha'." "Tudo é brincadeira de 'muiezinha'." E eu brincava só com as meninas mesmo assim.*

Ao considerar a atividade *"de muiezinha"*, além de confiná-la ao universo feminino, davam-lhe um tom pejorativo, pois, a

palavra "mulher" no diminutivo e o fato de dizê-la de forma
propositadamente errada desvalorizavam a brincadeira e as próprias mulheres. Adicionado a isso, pareciam viver um dilema
entre vontade e falta de coragem para jogar, pois, ao mesmo
tempo que chamavam a atividade de brincadeira *"de muiezinha"*,
entravam nela, parecendo, com a acusação, querer compensar seu
ingresso numa brincadeira supostamente feminina. As acusações
não eram suficientes para que João e outros meninos deixassem
de brincar com meninas, mesmo que isso nem sempre fosse assumido explicitamente:

> Enquanto aguardavam o retorno da professora nas escadas após o
> recreio, algumas meninas assim brincavam: uma cantava, *"É, é, é,
> acho que o bagulho é de quem está de pé!"*,[3] e as outras rapidamen-
> te se sentavam e, quando aquela cantasse *"É, é, é, acho que o ba-
> gulho é de quem está sentado!"*, as outras ficavam de pé. O erro de
> alguém era motivo de risadas, compartilhadas por alguns meninos.
> Em volta, eles, às vezes, cantavam e, noutras, levantavam-se e
> sentavam-se discretamente, manifestando um nítido interesse pela
> atividade, misturado com uma falta de coragem para participar.
> O ingresso de alguns no jogo incentivava e legitimava a participa-
> ção de outros.
>
> Outros meninos contaram que, "por insistência das meninas", às
> vezes, brincavam de "pegador" nos recreios. *"Elas gostam de correr
> atrás da gente!"*, explicou um deles. Primeiro as meninas pegavam
> os meninos e, quando todos estivessem capturados, eles as pegavam.
> Nesse jogo, meninos e meninas tinham preferências de quem pegar
> e por quem ser pegos. Certo dia, Lorena falou de sua decepção por
> ter sido pega por Michele quando estava prestes a ser capturada
> por Daniel.
>
> Nas vezes em que brincadeiras semelhantes ao "pegador" fizeram
> parte das aulas, alguns meninos e meninas reclamaram que aquilo
> era para criança e que não participariam. Não obtendo a autorização

---

3. Estrofe de uma música do grupo "Os Virguloides", muito tocada nas rádios na época.

da professora para ficar de fora, participaram do jogo e acabaram demonstrando divertir-se imensamente.

Estudantes mais velhos, como os da 5ªF,[4] não participavam dessa brincadeira durante os recreios e a professora também não lhes propunha tais atividades nas suas aulas. Entre eles, diferentemente dos mais novos, o contato não se mostrava tão "dependente" de jogos, sendo, por exemplo, frequente ver meninas e meninos abraçados ou deitados no colo um do outro. Ainda assim, nem todos agiam desse modo, e tais contatos ocorriam entre pessoas de um mesmo grupo e predominantemente entre aqueles, de uma forma ou outra, populares na turma, como entre Luciana e Davidson, que eram lideranças, tendo inclusive sido escolhidos como os representantes da turma para os Jogos Olímpicos Escolares.

Constatações de Becky Francis (1998, p. 42, tradução minha) são elucidativas para estas questões. Examinando construções de gênero em falas e em jogos de crianças em escolas primárias inglesas, a autora sugere que

diferenças genereficadas no comportamento são decorrência de culturas simbólicas de gênero, as quais são construídas na interação das crianças via manutenção da categoria gênero e, consequentemente, identificação com uma cultura particular de gênero. As culturas são construídas mediante fixações em gêneros (*in-gender bonding*) nas quais as crianças localizam o gênero como oposto e em oposição a elas, a fim de reforçar seu próprio senso de identidade de gênero. Essas culturas, no entanto, não são congeladas, sendo apenas a manifestação das diferentes interpretações infantis; as fronteiras de gênero foram frequentemente ultrapassadas ou recusadas, o gênero constituindo apenas um aspecto da construção social das crianças.

O jogo de "pegador" era considerado por muitos como uma brincadeira feminina, pertencente a um universo oposto ao dos

---

4. Nesta turma, os estudantes tinham entre 12 e 15 anos, enquanto nas outras a idade variava entre 11 e 12.

meninos, no qual eles, supostamente, não podiam ingressar. Entretanto, essa construção de culturas de gêneros como opostas não era congelada, e, ao participarem de brincadeiras *"de muiezinha"*, meninos ultrapassavam ou recusavam as fronteiras de gênero por eles mesmos estabelecidas.

5.5 Namoros escondidos nas brincadeiras

Quando um menino e uma menina eram vistos juntos, a pergunta *"É namoro ou amizade?"* era reincidente e, a fim de evitá-la, eles e elas frequentemente se separavam na escola. Thorne (1993) constatou que gozações intensificavam separações de gênero, mostrando que estas ocorriam mais entre crianças da mesma idade do que de idades diferentes. Devido à semelhança de idade, meninas e meninos eram mais facilmente vistos como possíveis namorados, tornando-se vulneráveis a "gozações heterossexuais", o que acabava por separá-los.

Além da separação, outra alternativa para evitar essas chacotas era aproximar-se por meio de brincadeiras, pois, quando brincavam ou jogavam juntos, o que os unia não era mais um suposto amor, mas uma atividade, muitas das quais ocorriam sempre longe de olhos adultos.

No jogo "verdade ou consequência", girava-se uma garrafa e, antes de ouvir a pergunta, a pessoa escolhia se queria respondê-la — não podendo mentir — ou arcar com as consequências e cumprir qualquer ordem. Uma das mais comuns era beijar alguém e, quanto às perguntas, assim explicaram:

Tiago: *Às vezes a gente chega para o menino [...] e pergunta se ele ainda é virgem.* {risadas} *Às vezes, o menino fica todo sem graça.*
Pedro: *Muitas vezes, principalmente os meninos, falam que não são virgem.*
Pesquisadora: *Mas é verdade ou mentira?*

Pedro: *[...] A maioria [...] [deles], fala assim... eu já percebi isso. Quando você pergunta: "Você é virgem?", eles: "Não." Aí a gente pergunta: "Com quem que foi a sua primeira vez?". "Com a minha prima!" Todo mundo fala a mesma coisa. Dá para desconfiar que é mentira.*

Pesquisadora: *E as meninas?*

Pedro: *Ah, não. As meninas [...] já falam [...] que são virgens.*

Tiago: *As meninas [...] quando tem que perguntar alguma coisa para elas responderem, pergunta [...] qual é a cor da calcinha que elas estão. Esses negócios.*

É interessante notar que as perguntas formuladas a meninos diferiam das formuladas a meninas: aos meninos, perguntava-se se eram virgens e com quem havia sido sua primeira vez; às meninas, a cor da calcinha. Em outra pesquisa, analisei as diferentes expectativas de meninas e meninos em torno da primeira relação sexual: enquanto os meninos expressavam ansiedade para que esse momento ocorresse o quanto antes, elas planejavam como e com quem gostariam de vivenciar esse importante momento de suas vidas (Altmann, 2007). De acordo com Parker (1991), padrões culturais da sociedade brasileira fundamentam-se na compreensão de uma diferença fundamental nas naturezas sexuais de homens e mulheres: a sexualidade feminina é compreendida como natural, devendo apenas ser controlada e disciplinada, enquanto a masculina, ao contrário, sofre ameaças constantes e precisa ser incitada e encorajada. O cultivo dela, por um processo complexo de masculinização, começa na primeira infância.

A esse respeito, Badinter (1993) afirma que ser homem implica um trabalho, um esforço que não parece ser exigido das mulheres. A feminilidade é considerada como natural, enquanto a masculinidade tem de ser conquistada — e a alto preço.

Entretanto, para além dessas questões, esse jogo lhes possibilitava trocas de informações íntimas não reveladas em outras ocasiões e criavam situações fictícias de namoro, presentes também simbolicamente no "Pegador" e em jogos como os relatados a seguir:

Nádia falou sobre o que faziam atrás dos prédios da escola quando *"não tinham nada para fazer"* durante os recreios:

Nádia: *Ahhhh, nós ficamos espionando algumas coisas...*
{risadas} *[...] É que os meninos deram agora de endoidar o cabeção!*
Tiago: *Os meninos ficam brincando de cair no poço.*
[...]
Nádia: *Eles começaram a endoidar o cabeção de um ficar com o outro. Aí nos ficamos lá espionado [...]. Uma menina fica com outro menino. [...] só que, quando a gente chega lá, eles falam que eles estão brincando de cair no poço. Só que na verdade não, porque a gente fica esperando.*
[...]
Pedro: *Mas é assim, ô, só choquinho, sabe?*
Pesquisadora: *Choquinho? Como que é choquinho?*
Tiago: *Beijo normal..., você encosta o lábio no lábio do outro.*
Pesquisadora: *Rapidinho?*
Vários: *É, rapidinho.*

Meninas e meninos andavam com as inicias "BBL" escritas em alguma parte do corpo, calçado ou roupa. Esta era a primeira obrigação de quem estivesse ligado neste jogo — o qual se valia do mesmo mecanismo de redes de participantes das brincadeiras "Hoje não" e "Vinte e um". "BBL" significava "Beijo na boca de língua" e, quem fosse descoberto sem estas inscrições, seria obrigado a dar um beijo na pessoa escolhida por quem o flagrou e, como explicou um menino, não era um beijo qualquer, mas *"de língua, ainda!"*

Paira a dúvida sobre quando não ter "BBL" escrito no corpo era por "simples esquecimento" ou por "esquecimento proposital". Esta ambiguidade — a qual se assemelha à fragilidade dos limites entre brigas e "Briguinhas" — era parte do jogo, pois o mais divertido era justamente o beijo resultante do esquecimento. Embora nem sempre acontecesse — às vezes era preciso beijar alguém indesejado ou alguém que não desejasse o beijo —, as cobranças e as tentativas de "roubos" já eram por si mesmas divertidas.

Enfim, os próprios meninos e meninas construíam noções opostas de mundos femininos e masculinos, dentro das quais atividades e características femininas e masculinas eram enquadradas. Os jogos eram um meio de realizar tais delimitações e, ao mesmo tempo, de rompê-las; em outras palavras, os jogos simultaneamente demarcavam e propiciavam meios de cruzar as fronteiras da masculinidade e da feminilidade, possibilitando ainda relações variadas entre meninas e meninos.

Palavras finais

Jogo de bola
A bela bola
rola:
a bela bola do Raul.
Bola amarela,
a da Arabela.
A do Raul,
azul.
Rola a amarela
e pula a azul.
A bola é bela,
é bela e pula.
É bela, rola e pula,
É mole, amarela, azul.
A de Raul é de Arabela,
e a de Arabela é de Raul.
(*Cecília Meireles*)

A bola é o objeto mais disputado em uma aula de educação física. O rolar da bola dá início a um novo jogo que, seja lá qual for, também coloca em jogo a relação de Arabela e Raul. Coloca em jogo habilidades corporais distintas, construídas entre expectativas e oportunidades de movimento díspares, quando olhadas da perspectiva de gênero. A bola coloca em jogo tanto movimentos técnicos ou habilidades táticas, como práticas corporais marcadas por significados de gênero. E é dentro desse mesmo jogo que se criam também oportunidades de reconstruir os gêneros e suas relações. Brincadeiras entre meninos e meninas são, igualmente, formas de jogar com as ambiguidades, desfazendo fronteiras — entre eles e elas, entre namoro e amizade, entre briga e brincadeira —, para restabelecê-las de outras formas dentro da cultura infantil. A experiência do jogo também possibilita a expressão do afeto, por vezes interdita, em especial aos meninos, e legítima nos toques viabilizados por uma partida, nas lutas, nas brincadeiras, na comemoração de um gol ou de uma vitória.

Historicamente, a experiência esportiva é originalmente masculina, não apenas porque praticada por homens, mas também porque imbuída de valores e significados tidos como masculinos, tais como coragem, força, velocidade, combatividade, companheirismo, superação. Experiência possível para meninas e quase obrigatória a meninos, na sociedade contemporânea, o esporte adquiriu um lugar de importância na constituição da masculinidade. Em nome disso, grandes são as expectativas de que meninos não apenas pratiquem esportes na escola, mas o pratiquem bem, em particular, quando contra meninas. Menor habilidade e domínio de movimentos é critério de exclusão ou de menor participação no jogo, mas também de constrangimentos sociais aos quais meninos estão mais sujeitos.

Se, por um lado, meninas reivindicam espaço no mundo esportivo, por outro, meninos enfrentam dilemas de gênero complexos, ao jogar com elas. A mesma sociedade que espera gentileza e delicadeza de um homem em relação à mulher, espera maior eficiência esportiva dele em relação a ela. A combinação dessas duas exigências é incompatível em uma disputa esportiva, pois a vitória depende do enfrentamento, da correta exploração da força e da velocidade, da agilidade.

Conforme analisado ao longo deste livro, a prática de esportes vai aos poucos se tornando possível para mulheres, a partir de práticas de resistência protagonizadas por elas próprias. As aulas de educação física e outros espaços esportivos na escola são palco dessa transformação, em que o corpo pode se tornar esportivamente habilidoso e meninas podem organizar-se coletivamente para ampliar suas possibilidades corporais. Em outras palavras, mostrar-se ágil, habilidosa, adotar uma postura competitiva e de enfrentamento são estratégias adotadas por meninas e atletas para conquistar um lugar no jogo. Organizar-se, ocupando coletivamente uma quadra de esportes no início do recreio, reivindicando o direito a práticas de treinamento ou de formação de equipes foram estratégias adotadas por meninas dentro de escolas. Jogar exclusivamente entre meninas também era uma forma de fortalecer-se, adquirir novas habilidades e viver a experiência coletiva do jogo. Relações de gênero e de poder se modificam.

A inserção de mulheres no campo esportivo, conforme apontado também em outras pesquisas (Altmann e Reis, 2013; Goellner, 2005; Moraes, 2012; Rubio, 2011; Souza Jr., 2013), é, antes, mérito individual ou de pequenos coletivos, do que de políticas públicas organizadas e sistematizadas de fomento ao esporte no país. Em vez de consequência de uma ação formativa sistematizada, destacar-se individualmente é condição para muitas meninas e mulheres praticarem esportes. A necessidade de políticas públicas e educacionais regulares e sistematizadas de fomento à prática esportiva no Brasil é evidente.

Diferenças de gênero deslocam-se e reinventam-se no campo esportivo e em outras esferas sociais. As palavras de Georges Vigarello (2013, p. 300) transcritas a seguir são elucidativas das transformações sociais, presentes também nas páginas deste livro:

> Depois de ter afirmado, como nunca antes, a ascendência do viril e ter estabelecido, como nunca antes, o viril a partir do músculo, da coragem e da firmeza moral, o desenvolvimento do esporte moderno mostra da forma mais concreta possível até que ponto essas qualidades podem ser compartilhadas com simplicidade. O próprio esporte feminino é a realização de uma igualdade tanto mais importante na medida em que "conquista" aquilo que, durante

muito tempo, parecia pertencer às "características" maiores do masculino. É a tradução corporal e visível da recente e radical transformação da relação entre os sexos.

Tais transformações se articulam dentro da escola e das aulas de educação física. Nesse contexto, separar meninos e meninas para aulas de educação física, de forma rígida e unilateral, é uma atitude anacrônica, incoerente com tais mudanças.[1] Essa forma de polarização é também uma naturalização de diferenças e de conhecimentos, que desconsidera suas dimensões históricas e sociais.

Também a educação física escolar, a partir da década de 1990, começou a ser pensada desde a perspectiva de conhecimento mais ampla que engloba as ciências humanas, sendo o livro *Metodologia do ensino de educação física* (Coletivo de Autores, 1992) um marco nesse sentido. O corpo e o conhecimento a serem trabalhados em aula deixam de ser vistos exclusivamente a partir de uma perspectiva biológica ou seguindo padrões de treinamento, para serem entendidos nas suas dimensões históricas, sociais e culturais. O conhecimento de educação física inclui o saber fazer, mas também um saber sobre as práticas culturais transformadas em conteúdo escolar. Ter alunos e alunas em uma mesma aula é um elemento enriquecedor e não um limitador dessa nova perspectiva de trabalho.

É responsabilidade da educação física garantir o acesso aos conhecimentos da cultura corporal de movimento e, por estar inserido na escola, esse processo precisa ser garantido a todos estudantes. Assim, há de se ter como perspectiva garantir a transmissão desse conhecimento às novas gerações, reconhecendo diferenças, sem, no entanto, reafirmar desigualdades de gênero presentes em outras esferas sociais. A célebre frase de Boaventura de Sousa Santos (2003, p. 56) aplica-se também a esse campo:

---

1. Embora não tenha sido o aspecto central deste livro, essas transformações também se referem à diversidade sexual a ser considerada nas ações pedagógicas.

Temos o direito de ser iguais quando a nossa diferença nos inferioriza; e temos o direito de ser diferentes quando a nossa igualdade nos descaracteriza. Daí a necessidade de uma igualdade que reconheça as diferenças e de uma diferença que não produza, alimente ou reproduza as desigualdades.

Aulas de educação física são um espaço político e pedagógico com possibilidades educativas múltiplas: se elas educam o corpo, moldam o gesto, aprimoram habilidades; nesse processo, elas também educam os gêneros e suas relações. A diversificação e a reapropriação de seus conteúdos, os encontros e desencontros entre meninos e meninas, são potencialidades educativas ricas a serem exploradas.

Considerando que "uma das principais finalidades dos feminismos é libertar as mulheres da figura da Mulher, modelo universal construído pelos discursos científicos e religiosos, desde o século XIX" (Rago, 2013, p. 28), a prática de esportes por mulheres pode ser lida como integrante dos feminismos. Não é um movimento social coletivamente organizado, como ocorreu em outras esferas dos feminismos, mas um movimento que se exerce de forma quase individual, por meio do corpo, da sua educação esportiva. Ao praticar esportes, atletas abrem novos espaços para a experiência feminina, desafiam legislações e normas, iniciam novos ramos profissionais, desconstroem discursos científicos, negam a fragilidade do feminino para constituir o corpo forte e habilidoso. Enfim, pode-se pensá-la como uma prática libertária, pois, no esporte, mulheres experimentam novas possibilidades de existir.

Que novas possibilidades de existir podem ser experimentadas por meninos e meninas na educação física? Responder a essa pergunta com ações pedagógicas dentro da escola é um grande desafio, que, sem dúvida, coloca em jogo e movimento relações de gênero e conhecimentos.

Para ampliar o olhar:
leituras acadêmicas, literatura infantojuvenil, filmes, vídeos, curtas-metragens, materiais didáticos e de formação

Leituras científicas na área de gênero e educação física

A seguir estão listadas sugestões bibliográficas na área de gênero e educação física escolar. As referências bibliográficas do livro oferecem outras fontes de leitura e pesquisa. Também estão incluídos na lista abaixo periódicos científicos com tradição de publicação na área de gênero. As teses citadas podem ser consultadas nas bibliotecas digitais das universidades em que foram defendidas.

ALTMANN, Helena; MARIANO, Marina; UCHOGA, Liane A. R. Corpo e movimento: produzindo diferenças de gênero na educação infantil. *Pensar a Prática*, UFG, Impresso, v. 15, n. 2, p. 272-505, 2012.

ALTMANN, Helena; REIS, Heloisa H. B. Futsal feminino na América do Sul: trajetórias de enfrentamentos e de conquistas. *Movimento*, Porto Alegre, UFRGS, v. 19, n. 3, p. 211-32, 2013.

BRIGHTON DECLARATION ON WOMEN AND SPORT (Declaração Internacional de Brighton sobre Mulheres e Esportes). Disponível em: <http://www.sportsbiz.bz/womensportinternational/conferences/brighton_declaration.htm>. Acesso em: 1º nov. 2014.

CADERNOS PAGU. Campinas, IFCH-Unicamp. Disponível em: <www.scielo.com.br>. Acesso em: 5 dez. 2014.

CONNEL, Robert. Políticas da masculinidade. *Educação e Realidade*, Porto Alegre, v. 20, n. 2, p. 185-206. jul./dez. 1995.

CORSINO, Luciano N.; AUAD, Daniela. *O professor diante as relações de gênero na educação física escolar*. São Paulo: Cortez, 2012. 111 p.

DEVIDE, Fabiano P. *Gênero e mulher no esporte*: historia das mulheres nos jogos olímpicos modernos. Ijuí: Ed. da Unijuí, 2005.

DORNELLES, Priscila G. Do corpo que distingue meninos e meninas na educação física escolar. *Cadernos Cedes*, v. 32, p. 187-98, 2012. Disponível em: <http://www.scielo.br/pdf/ccedes/v32n87/05.pdf>. Acesso em: 1º nov. 2014.

_____; WENETZ, Ileana; SCHWENGBER, Maria Simone V. (Org.). *Educação Física e gênero*: desafios educacionais. Ijuí: Ed. da Unijuí, 2013.

DUNNING, Eric; MAGUIRE, Joseph. As relações entre os sexos no esporte. *Revista Estudos Feministas*, n. 2, p. 321-48, 1997.

FERNÁNDEZ, Emília (Dir.) *Guia PAFiC*. Madrid: Instituto de la mujer. Ministerio de Trabajo y Asuntos Sociales, 2008. Disponível em: <http://www.csd.gob.es/csd/estaticos/myd/CarreraMujer/GUIA_PAFiC.pdf>. Acesso em: 24 maio 2011.

FERNANDES, Simone C. *Os sentidos de gênero em aulas de educação física*. Dissertação (Mestrado em Educação Física) — Universidade Estadual de Campinas, Campinas, 2008.

_____. "Cadê a bola, Dona?" ou Sobre os significados de gênero nas aulas de educação física. In: DAOLIO, Jocimar et. al. (Org.). *Educação física escolar*: olhares a partir da cultura. Campinas: Autores Associados, 2010. v. 1, p. 101-120.

FERREIRA, Heidi J. et al. A baixa representatividade de mulheres como técnicas esportivas no Brasil. *Movimento*, Porto Alegre [on-line], v. 19,

p. 103-24, 2013. Disponível em: <http://www.seer.ufrgs.br/Movimento/article/download/29087/26019>. Acesso em: 1º nov. 2014.

FINCO, Daniela. A educação dos corpos femininos e masculinos na Educação Infantil. In: FARIA, Ana Lúcia F. de. (Org.). *O coletivo infantil em creches e pré-escolas*: falares e saberes. São Paulo: Cortez, 2007. p. 94-119.

GOELLNER, Silvana. Mulheres e futebol no Brasil: entre sombras e visibilidades. *Revista Brasileira de Educação Física e Esporte*, São Paulo, v. 19, n. 2, p. 143-151, abr./jun. 2005. Disponível em: <http://www.revistas.usp.br/rbefe/article/download/16590/18303>. Acesso em: 1º nov. 2014.

_____; MEYER, Dagmar; FELIPE, Jane (Org.). *Corpo, gênero e sexualidade*. Petrópolis: Vozes, 2003.

JACÓ, Juliana Fagundes. *Educação física escolar e gênero*: diferentes maneiras de participar da aula. Dissertação (Mestrado) — Programa de Pós-Graduação em Educação Física, Ed. da Unicamp, Campinas, 2012.

LOURO, Guacira Lopes. *Gênero, sexualidade e educação*: uma perspectiva pós-estruturalista. Petrópolis: Vozes, 1997.

LOUZADA, Mauro; VOTRE, Sebastião; DEVIDE, Fabiano. Representações de docentes acerca da distribuição dos alunos por sexo nas aulas de educação física. *Revista Brasileira de Ciências do Esporte*, Campinas, v. 28, n. 2, p. 55-68, jan. 2007.

MARIANO, Marina. *Educação física na educação infantil e as relações de gênero*: educando crianças ou meninos e meninas? Dissertação (Mestrado em Educação Física) — Ed. da Unicamp, Campinas, 2010.

REVISTA ÁRTEMIS. João Pessoa, UFPB. Disponível em: <http://periodicos.ufpb.br/ojs/index.php/artemis>. Acesso em: 5 dez. 2014.

REVISTA DE ESTUDOS FEMINISTAS. Florianópolis, UFSC. Disponível em: <www.scielo.br>.

REVISTA LABRYS. Brasília, UnB. Disponível em: <http://www.tania-navarroswain.com.br/labrys/>. Acesso em: 5 dez. 2014.

REVISTA MOVIMENTO. Porto Alegre, UFRGS. Disponível em: <http://www.seer.ufrgs.br/Movimento>. Acesso em: 5 dez. 2014.

ROVERI, Fernanda Theodoro. *Barbie na educação de meninas*: do rosa ao choque. São Paulo, Annablume, 2012.

SOUSA, Eustáquia S. *Meninos, à marcha! Meninas, à sombra!* A história da educação física em Belo Horizonte (1897-1994). Tese (Doutorado em Educação) — Unicamp, Campinas, 1994.

SOUSA, Eustáquia S.; ALTMANN, Helena. Meninos e meninas: questões de gênero e suas implicações na educação física. *Cadernos Cedes*, Campinas, v. XIX, n. 48, p. 52-68, 1999. <http://dx.doi.org/10.1590/S0101-32621999000100004>. Acesso em: 5 dez. 2014.

UCHOGA, Liane R. *Educação física escolar e relações de gênero*: risco, confiança, organização e sociabilidades em diferentes conteúdos. Dissertação (Mestrado em Educação Física) — Faculdade de Educação Física, Universidade Estadual de Campinas, Campinas, 2012.

VALPORTO, Oscar. *Atleta, substantivo feminino*: as mulheres brasileiras nos Jogos Olímpicos. Rio de Janeiro: Casa da Palavra, 2006. 293 p.

VIANA, Aline E. *As relações de gênero em uma escola de futebol*: quando o jogo é possível. Dissertação (Mestrado em Educação Física) — Faculdade de Educação Física, Universidade Estadual de Campinas, Campinas, 2012.

VIGARELLO, Georges. Virilidades esportivas. In: CORBIN, Alain; COURTINE, Jean-Jacques; VIGARELLO, Georges (Dir.). *História da virilidade*: a virilidade em crise? Séculos XX-XXI, Petrópolis: Vozes, 2013. v. 3.

WOLF, Naomi. *O mito da beleza*. Rio de Janeiro: Rocco, 1991.

Livros infantojuvenis de relação com a temática

A literatura infantil está repleta de bons livros que podem inspirar um trabalho pedagógico em torno de temas variados. Também podem simplesmente serem lidos pelas ou para crianças e jovens, oferecendo outras referências de corpo, gênero, sexualidade, homem, mulher etc. Algumas ideias:

Gênero e esporte

PELLEGRINI, Denise. *Esporte, caminho de superação*. São Paulo: Moderna, 2013.

PINA, Sandra. *Corações, caras e beijos*. São Paulo: Cortez, 2013.

ROCHA, Ruth. *Leila menina*. São Paulo: Salamandra, 2012.

VASCONCELLOS, Cláudia Maria de. *Menina também joga futebol*. São Paulo, 2014.

Gênero

ÂNGELO, Assis. *A menina Inezita Barroso*. São Paulo: Cortez, 2011.

ANTONIO, Luiz. *Uma princesa nada boba*. São Paulo: Cosac Naïfy, 2011.

BAPTISTONI, Majô. *O menino que ganhou uma boneca*. Maringá: Massoni, 2002.

BRANCO, Sandra. *Por que meninos têm pés grandes e meninas têm pés pequenos?* São Paulo: Cortez, 2004.

BRENMAN, Ilan; ZILBERMAN, Ionit. *Até as princesas soltam pum*. São Paulo: Brinque-book, 2008.

LENAIN, Thierry. *Ceci tem pipi?* São Paulo: Companhia das Letrinhas, 2004.

MACHADO, Ana Maria. *Menina bonita do laço de fita*. São Paulo: Ática, 2005.

ORNELLAS, Agostinho. *Chapeuzinho de couro*. São Paulo: Cortez, 2013.

PARR, Todd. *Tudo bem ser diferente*. São Paulo: Panda Books, 2009.

RITER, Caio. *O fusquinha cor-de-rosa*. São Paulo: Paulinas, 2007.

ROCHA, Ruth. *Faca sem ponta, galinha sem pé*. São Paulo: Ática, 2005.

_____. *Procurando firme*. São Paulo: Ática, 2000.

_____. *Romeu e Julieta*. São Paulo: Salamandra, 2009.

VICENT, Gabrielle. *Ernest e Celestine perderam Simão*. São Paulo: Moderna, 2009.

VIGNA-MARÚ, Carolina. *Isabel*. São Paulo: Cortez, 2013.

WINTER, Jonah. *Frida*. São Paulo: Cosac Naïfy, 2004.

Gênero, sexualidade e diversidade

BLOCH, Serge; LENAIN, Thierry. *Sementinhas de fazer bebês*. São Paulo: Larousse do Brasil, 2003.

COLE, Babette. *Mamãe botou um ovo*. São Paulo: Ática, 2006.

DE CASTRO, Maria da Glória C. *Minha alma é mulher*: uma história de amor. São Paulo: Cortez, 2012.

GARCIA, Edson G. *Amoreco*. São Paulo: Cortez, 2004.

GARCIA, Edson G.; GIL NETO, Antônio. *Cartas marcadas*: uma história de amor entre iguais. São Paulo: Cortez, 2007.

LEITE, Ângela; ALBERGARIA, Lino de. *Cabelos de fogo, olhos de água*. São Paulo: Cortez, 2006.

LENAIN, Thierry. *Ceci quer um bebê*. São Paulo: Companhia das Letrinhas, 2004.

RIBEIRO, Jonas. *O vestido florido nos olhos de Aparecido*. São Paulo: Cortez, 2012.

VANDWIELE, Agnès. *Mini-Larousse do bebê*. São Paulo: Larousse do Brasil, 2004.

Gênero, família e diversidade

ALBISSÚ, Nelson. *Avós & avôs*. São Paulo: Cortez, 2005. (Col. Nossa Família.)

_____. *Pais e mães*. São Paulo: Cortez, 2005. (Col. Nossa Família.)

_____. *Tios e tias*. São Paulo: Cortez, 2005. (Col. Nossa Família.)

CARRASCO, Walcyr. *Meus dois pais*. São Paulo: Ática, 2010.

LEITE, Márcia. *Olívia tem dois papais*. São Paulo: Companhia das Letrinhas, 2010.

PARR, Todd. *O livro da família*. São Paulo: Panda Books, 2003.

Livros infantojuvenis sobre esporte

ABRUCIO, Marcos. *Odisseia olímpica*. São Paulo: Cortez, 2008.

MASSARANI, Luisa; ABRUCIO, Marcos. *Bola no pé*: a incrível história do futebol. São Paulo: Cortez, 2008.

MEURER, Sérgio. *Segredos de uma quinta-feira*. São Paulo: Cortez, 2004.

RIBEIRO, Jonas. *Alguém viu a bola?* São Paulo: Cortez, 2004.

Outros

SEABRA, Dulce; MACIEL, Sérgio. *ABC dos direitos humanos*. São Paulo: Cortez, 2012.

Filmes:

Billy Elliot

Direção: Stephen Daldry, 2000.

Sinopse: Billy Elliot (Jamie Bell) é um garoto de 11 anos que vive numa pequena cidade da Inglaterra, onde o principal meio de sustento são as minas. Obrigado pelo pai a treinar boxe, Billy fica fascinado com a magia do balé, ao qual tem contato através de aulas de dança clássica que são realizadas na mesma academia onde pratica boxe. Incentivado pela professora de balé (Julie Walters), que vê em Billy um talento nato para a dança, ele resolve então pendurar as luvas de boxe e se dedicar de corpo e alma à nova atividade, mesmo tendo que enfrentar a contrariedade de seu irmão e de seu pai.

Branca de Neve

Direção: Pablo Berger, 2013.

Sinopse: Sevilha, Espanha, 1920. Carmen (Macarena García) viveu toda a infância com sua terrível madrasta, Encarna (Maribel Verdú). Cansada de ser reprimida, a jovem resolve fugir de casa para viver diversas aventuras como toureira, na intenção de apagar seu passado traumático. Durante a viagem, ela recebe a ajuda de sete anões toureiros, que decidem protegê-la a todo custo.

Caramelo

Direção: Nadine Labaki, 2007.

Sinopse: Beirute. Cinco mulheres costumam se encontrar regularmente no salão de beleza Sibelle: Layale (Nadine Labaki), amante de um homem casado e que sonha com o dia em que ele se separará; Nisrine (Yasmine Elmasri), que está prestes a se casar mas não é mais virgem e não sabe como contar isto ao noivo; Rima (Joanna Moukarzel), que sente atração por mulheres; Jamale (Gisèle Aouad), que tem medo de envelhecer; e Rose (Sihame Haddad), que abriu mão de sua vida para cuidar da irmã mais velha. No salão, os temas prediletos do quinteto são o amor, o sexo e os homens.

Deixa que eu chuto

Direção: Alfredo Alves, 2009.

Sinopse: Este documentário conta a história de quatro atletas (Aline, Pamela, Juliana e Nildinha) brasileiras que vivem situações diversas, na tentativa de ganhar a vida nos gramados. Além delas, que vivem uma rotina sacrificante para praticar o esporte, o filme traz uma entrevista com a brasileira eleita melhor jogadora do mundo cinco vezes: Marta.

Driblando o destino

Direção: Gurinder Chadha, 2002.

Sinopse: O sonho de Jesminder Bhamra (Parminder Nagra) é seguir o caminho de seu ídolo David Beckham e se tornar uma jogadora profissional de futebol. Entretanto, ela enfrenta problemas em sua família, que deseja que ela siga os costumes indianos tradicionais, assim como sua irmã mais velha, Pinky (Archie Panjabi). O confronto entre as partes chega ao ápice quando Jesminder é obrigada a escolher entre a tradição de seu povo e seu grande sonho.

Futebol — um país, uma paixão

Direção: Arthur Fontes e João Moreira Salles, 1998.

Sinopse: Brasil. Futebol. A melhor equipe do mundo. Os melhores jogadores do planeta. Desde 1958 que o Brasil tem dominado o mundo do futebol com exibições de luxo, ganhando cinco campeonatos mundiais. "Quando se aprende a jogar nos declives das favelas, com uma laranja por bola, jogar num campo de futebol torna-se muito fácil." É isto que Pelé refere e que se tenta mostrar nesta fascinante série de documentários. O primeiro filme deste documentário centra-se em torno de três jovens desejosos de jogar futebol em nível profissional; o segundo exibe a vida de dois jogadores perfeitamente estabelecidos; e o último mostra o que acontece quando a carreira acaba e a vida continua. É uma análise social fascinante, arrebatadora e profundamente emotiva sobre o Brasil e a sua obsessão pelo desporto-rei e pelas suas estrelas. Três episódios: "O sonho"; "O objetivo"; "Depois do jogo".

Menina de ouro

Direção: Clint Eastwood, 2005.

Sinopse: Frankie Dunn (Clint Eastwood) passou a vida nos ringues, tendo agenciado e treinado grandes boxeadores. Frankie costuma passar aos lutadores com quem trabalha a mesma lição que segue para sua vida: antes de tudo, se proteja. Magoado com o afastamento de sua filha, Frankie é uma pessoa fechada e que apenas se relaciona com Scrap (Morgan Freeman), seu único amigo, que cuida também de seu ginásio. Até que surge em sua vida Maggie Fitzgerald (Hilary Swank), uma jovem determinada que possui um dom ainda não lapidado para lutar boxe. Maggie quer que Frankie a treine, mas ele não aceita treinar mulheres e, além do mais, acredita que ela esteja velha demais para iniciar uma carreira no boxe. Apesar da negativa de Frankie, Maggie decide treinar diariamente no ginásio. Ela recebe o apoio de Scrap, que a encoraja a seguir adiante. Vencido pela determinação de Maggie, Frankie enfim aceita ser seu treinador.

Minha vida em cor-de-rosa

Direção: Alain Berliner 1997.

Sinopse: Drama comovente sobre um garoto que pensa que é uma garota — e age como tal. O que lhe parece absolutamente normal é completamente bizarro para as pessoas que o cercam, entre as quais está a família, que não sabe exatamente como proceder diante do comportamento estranho do filho e da reação indignada dos vizinhos. Aos poucos, no entanto, a vizinhança, que lança olhares e palavras recriminadoras para o menino de comportamento incomum, parece aprender a conviver com seu jeito diferente.

A pedra de paciência

Direção: Atiq Rahimi, 2014.

Sinopse: No Afeganistão, um herói de guerra em estado vegetativo, após um acidente em que levou uma bala no pescoço, é abandonado pelos companheiros do *jihad* e por seus irmãos. Sua mulher o observa em um quarto decadente e começa uma confissão solitária, falando sobre sua infância, seus sofrimentos, sua solidão e seus sonhos. Por meio de suas palavras para o marido, ela procura um caminho para recomeçar a vida.

Tomboy

Direção: Céline Sciamma, 2012.

Sinopse: Laure (Zoé Héran) é uma garota de 10 anos, que vive com os pais e a irmã caçula, Jeanne (Malonn Lévana). A família se muda e, por isso, ainda não conhece os novos vizinhos. Um dia Laure resolve ir à rua e conhece Lisa (Jeanne Disson), que a confunde com um menino. Laure, que usa cabelo curto e gosta de vestir roupas masculinas, aceita a confusão e lhe diz que seu nome é

Mickaël. A partir de então ela leva uma vida dupla, já que seus pais não sabem de sua falsa identidade.

XXY

Direção: Lucia Puenzo, 2008.

Sinopse: Alex (Inés Efron) nasceu com ambas as características sexuais. Tentando fugir dos médicos que desejam corrigir a ambiguidade genital da criança, seus pais a levam para um vilarejo no Uruguai. Eles estão convencidos de que uma cirurgia deste tipo seria uma violência ao corpo de Alex e, com isso, vivem isolados numa casa nas dunas. Até que, um dia, a família recebe a visita de um casal de amigos, que leva consigo o filho adolescente. É quando Alex, que está com 15 anos, e o jovem, de 16, sentem-se atraídos um pelo outro.

Vídeos e curtas-metragens

1) Coleção Memória do Esporte Olímpico Brasileiro

Disponível em: <http://memoriadoesporte.org.br/>. Acesso em: 5 dez. 2014

Os documentários podem ser assistidos *on-line* mediante cadastro. Excelente material que pode ser utilizado em sala de aula a partir de diferentes perspectivas. Algumas sugestões sobre mulheres no esporte:

Mulheres olímpicas

Direção: Laís Bodanzky, 2013.

Sinopse: Este documentário tem a intenção de traçar este paralelo, a mulher na sociedade e a mulher no esporte olímpico. A história das esportistas brasileiras nas Olimpíadas pode-se dizer que é recente. Foi em 1932, em Los Angeles, que a primeira mulher brasileira participou de uma Olimpíada, mas a primeira medalha só chegou em 1996 em Atlanta, 64 anos depois. Só em 2012, em Londres, que todos os países participantes tiveram representantes mulheres e foi incluído o boxe feminino, fazendo com que pela primeira vez na história as mulheres <u>participassem</u> de todos os esportes olímpicos.

Maria Lenk: a essência do espírito olímpico

Direção: Iberê Carvalho, 2011.

Sinopse: Você sabia que a ex-nadadora Maria Lenk foi a primeira mulher sul-americana a competir em Olimpíadas? O feito aconteceu nos Jogos Olímpicos de Los Angeles em 1932. Para custear a viagem, a nadadora e os outros 68 atletas da equipe brasileira venderam café no porão do navio que os levou até Los Angeles. Maria Lenk jamais conquistou uma medalha, porém foi a responsável pela introdução do nado borboleta nos Jogos Olímpicos de Berlim, em 1936. O documentário do diretor Iberê Carvalho compartilha com todos os brasileiros as histórias e recordações generosamente contadas pela nadadora.

Aída, uma mulher de garra

Direção: André Pupo, 2011.

Sinopse: Há 50 anos, Aída Santos marcou história no atletismo nacional. Sem nenhum apoio, treinador, tênis e usando uniforme próprio, a carioca entrou para a história conquistando o quarto lugar no salto em altura nos Jogos Olímpicos de Tóquio em 1964. Mesmo sem nenhuma estrutura, Aída teve o melhor desempenho de uma brasileira na história dos Jogos até as Olimpíadas de Atlanta em 1996, quando as atletas Jacqueline e Sandra conquistaram a medalha de ouro no vôlei de praia.

A valsa do pódio

Direção: Daniel Hanai e Bruno Carneiro, 2013.

Sinopse: Em 2012, nos Jogos Paralímpicos de Londres, a atleta brasileira Terezinha Guilhermina confirmou sua posição de corredora com deficiência visual mais rápida do mundo: conquistou, ao lado de seu guia Guilherme Santana, duas medalhas de ouro nas provas de 100 m e 200 m rasos para cegos (T11). Além disso, protagonizou uma cena emocionante: na prova dos 400 m, Guilherme desequilibrou-se e caiu; em solidariedade ao guia, Terezinha jogou-se no chão e abandonou a vitória que era certa até então. O documentário vai contar a história dessa grande atleta: suas conquistas, sua relação com o guia, o sonho olímpico e a felicidade de ganhar a medalha, a superação de mais um recorde mundial e, principalmente, como ela se divertiu durante estes jogos e como curte sua vida.

2) Porta Curtas

Disponível em: <http://portacurtas.org.br/>. Aceso em: 5 dez. 2014.
Site que disponibiliza diversos curta-metragens para serem assistidos *on-line*.

3) "Acorda Raimundo, acorda"

Direção de Alfredo Alves, 1990.
Sinopse: E se as mulheres saíssem para o trabalho enquanto os homens cuidassem dos afazeres domésticos? Essa é a história de Marta

e Raimundo, uma família operária, seus conflitos familiares e o machismo, vividos num mundo onde tudo acontece ao contrário. Disponível em:<http://vimeo.com/5859490>.

4) Pra que time ele joga?

Realização Fórum ONGs HSH, Coordenação Estadual de DST/ Aids-SP, 2002.

Sinopse: História de um aluno do ensino médio, Pedro, bom jogador de futebol, que é homossexual e quando é descoberto passa muita vergonha e não quer voltar à escola. No dia do jogo, seu time vai buscá-lo porque ele é muito importante para a equipe. A orientação sexual de uma pessoa não tem nada a ver com seu comportamento social e pensar assim é preconceito. É um vídeo educativo produzido para ser visto e trabalhado na escola.

5) Minha vida de João

Produção: Ecos — Comunicação em Sexualidade —, Instituto Promundo, Instituto Papai e Salud y Gênero, 2001.

Sinopse: Desenho animado, sem palavras, que conta a história de um rapaz, João, e os desafios que ele enfrenta durante seu processo de crescimento para tornar-se homem em nossa sociedade: o machismo, a violência familiar, a homofobia, as dúvidas em relação à sexualidade, a primeira experiência sexual, a gravidez da namorada, uma doença sexualmente transmissível e a paternidade.

6) Boneca na mochila

Produção: Ecos — Comunicação em Sexualidade —, 3 Laranjas, 1995.

Um motorista de táxi conduz uma mulher à escola. Ela foi chamada porque flagraram seu filho com uma boneca na mochila. Durante o caminho, enquanto ouvem um programa de rádio sobre homossexualidade, eles conversam sobre esse assunto.

7) "It get's better"

Vídeo produzido por funcionários da Pixar, com uma mensagem de esperança para jovens LGBT. Disponível em: <https://www.youtube.com/watch?v=4a4MR8oI_B8>. O vídeo integra o projeto norte-americano *It get's better* (<http://www.itgetsbetter.org/>) com base em meios de comunicação via internet que tem como meta prevenir o suicídio entre jovens LGBT através de vídeos de adultos homossexuais, os quais transmitem a mensagem de que a vida dos adolescentes vai melhorar.

Outros materiais didáticos e de formação relacionados à temática

1) Gênero e diversidade na escola (Curso de Educação a Distância)

Em 2005, o governo federal, através de uma parceria entre três ministérios (Secretaria de Políticas para as Mulheres; Ministério da Educação e Secretaria Especial de Políticas de Promoção da Igualdade Racial) e o Centro Latino-Americano em Sexualidade e Direitos Humanos (CLAM) da Universidade Estadual do Rio de Janeiro (UERJ), produziu um curso de Educação a Distância, o qual tem sido oferecido desde então nas modalidades de aperfeiçoamento e especialização.

O material didático produzido para o curso foi transformado em livros, os quais estão disponíveis para download na internet. São bons materiais didáticos que podem ser utilizados para formação docente e para projetos de intervenção em diferentes espaços educativos.

Caderno de conteúdos:

Disponível em: <TTP://portal.mec.gov.br/index.php?option=com_docman&task=doc_download&gid=2189&Itemid>. Acesso em: 5 dez. 2014.

Caderno de atividades:

Disponível em: <TTP://www.e-clam.org/downloads/Caderno-de-Atividades-GDE2010.pdf>. Acesso em: 5 dez. 2014.

2) Unesco — Educação em sexualidade

Disponível em: <http://www.unesco.org/new/pt/brasilia/education/health-education-in-brazil/sexuality-education-in-brazil/>. Acesso em: 5 dez. 2014.

Orientações técnicas de educação em sexualidade para o cenário brasileiro

Disponível em: <http://unesdoc.unesco.org/images/0022/002277/227762por.pdf>. Acesso em: 5 dez. 2014.

Respostas do Setor de Educação ao Bullying Homofóbico

Disponível em: <http://unesdoc.unesco.org/images/0022/002213/221314por.pdf>. Acesso em: 5 dez. 2014.

3) Ecos — Comunicação em sexualidade

Disponível em: <http://www.ecos.org.br/>. Acesso em: 5 dez. 2014.

ONG com uma longa trajetória de produção de material didático na área de gênero e sexualidade.

4) Ciência Hoje na Escola

Sexualidade: corpo, desejo e cultura. São Paulo: Global; Rio de Janeiro: SBPC, 2001, v. 11.

5) ABCD de l'Égalité (ABCD da igualdade)

Disponível em: <http://www.cndp.fr/ABCD-de-l-egalite/accueil. html>. Acesso em: 5 dez. 2014.

Site do governo francês elaborado após a publicação do *Referencial de competências profissionais do professorado e da educação*, em setembro de 2013. Este documento afirma que uma das missões fundamentais da escola é "transmitir os valores de igualdade e respeito entre meninas e meninos, mulheres e homens". O *site*, em francês, disponibiliza ferramentas teóricas, ferramentas práticas e documentos em torno da temática.

Referências

ABREU, Neíse G. Meninos pra cá, meninas pra lá? In: VOTRE, Sebastião (Org.). *Ensino e avaliação em educação física.* São Paulo: Ibrasa, 1990. p. 101-120.

_____. Análise das percepções de docentes e discentes sobre turmas mistas e separadas por sexo nas aulas de educação física escolar. In: ROMERO, Eliane (Org.). *Corpo, mulher e sociedade.* Campinas: Papirus, 1995. p. 157-67.

ALTMANN, Helena. *Rompendo fronteiras de gênero*: Marias [e] homens na educação física. Dissertação (Mestrado) — Programa de Pós-Graduação em Educação, UFMG, Belo Horizonte, 1998.

_____. *Pedagogias da sexualidade e do gênero*: educação sexual em uma escola. Tese (Doutorado) — Programa de Pós-Graduação em Educação, PUC-Rio, Rio de Janeiro, 2005.

_____. Educação sexual e primeira relação sexual: entre expectativas e prescrições. *Estudos Feministas,* Florianópolis, v. 15, n. 2, p. 333-56, 2007.

_____. Corpo, gênero e esportes. In: RIBEIRO, Paula; SILVA, Méri R.; GOELLNER, Silvana (Org.). *Corpo, gênero e sexualidade*: composições e desafios para a formação docente. Rio Grande: Furg, 2009. p. 57-66.

_____ et al. *Educação física escolar e igualdade de gênero*: um estudo transcultural. Campinas: Unicamp, 2011. (Relatório de pesquisa.)

ALTMANN, Helena; JACÓ, Juliana; FERNANDES, Simone C. Educação física escolar e gênero: construindo estratégias pedagógicas através do Pibid. In: AYOUB, Eliana; PRADO, Guilherme do V. T (Org.). *Ampliando horizontes na formação de professores*. Campinas: Edição Leitura Crítica, 2014. p. 33-46. (Col. Formação docente em diálogo, v. 3.).

_____; MARTINS, Carlos José. Características do esporte moderno segundo Elias e Dunning. In: SIMPÓSIO INTERNACIONAL PROCESSO CIVILIZADOR, 10., *Anais*..., 2007, Campinas, Unicamp, 2007.

_____; REIS, Heloisa H. B. Futsal feminino na América do Sul: trajetórias de enfrentamentos e de conquistas. *Movimento*, Porto Alegre, UFRGS, v. 19, n. 3, p. 211-32, 2013. (Impresso.)

ANYON, Jean. Interseções de gênero e classe: acomodações e resistência de mulheres e meninas às ideologias de papéis sexuais. *Cadernos de Pesquisa*, São Paulo, n. 73, p. 13-25, maio 1990.

BADINTER, Elisabeth. *XY*: sobre a identidade masculina. 2. ed. Tradução de Maria Ignez Duque Estrada. Rio de Janeiro: Nova Fronteira, 1993. 266 p.

BAUBÉROT, Arnaud. Não se nasce viril, torna-se viril. In: CORBIN, Alain; COURTINE, Jean-Jacques; VIGARELLO, Georges (Dir.). *História da virilidade*. Petrópolis: Vozes, 2013. v. 3, p. 189-220.

BOURDIEU, Pierre. A dominação masculina. *Educação e Realidade*, Porto Alegre, v. 20, n. 2, p. 133-184, jul./dez. 1995.

_____. O capital social: notas provisórias. In: NOGUEIRA, M. A.; CATANI, A. (Org.). *Escritos de educação*. 4. ed. Petrópolis: Vozes, 1998. p. 65-69.

BRACHT, Valter. *Educação física e aprendizagem social*. Porto Alegre: Magister, 1992. 122 p.

_____. A constituição das teorias pedagógicas da educação física. *Cadernos Cedes*, Campinas, v. 19, n. 48, p. 69-88, ago. 1999.

_____. *Sociologia crítica do esporte*: uma introdução. Vitória: UFES, Centro de Educação Física e Desportos, 1997. 133 p. (Col. Gnosis.)

BRACHT, Valter; ALMEIDA, Felipe Q. A política de esporte escolar no Brasil: a pseudovalorização da Educação Física. *Revista Brasileira de Ciências do Esporte*, Campinas, v. 24, n. 3, p. 87-101, 2003.

_____; ALMEIDA, Felipe Q. Esporte, escola e a tensão que os megaeventos esportivos trazem para a educação física escolar. *Em Aberto*, Brasília, v. 26, p. 131-43, 2013.

BRASIL. Secretaria de Educação Fundamental. *Parâmetros Curriculares Nacionais*: educação física. 2. ed. Rio de Janeiro: DP&A, 2000. 96 p.

_____. Conselho Nacional de Desportos. Deliberação n. 7, de agosto de 1965. Baixa instruções às entidades desportivas do país sobre a prática de desporto pelas mulheres. Disponível em: <http://www.planalto.gov.br>. Acesso em: 10 jun. 2012.

_____. Decreto-lei n. 3.199, de 14 de abril de 1941. Estabelece as bases de organização dos desportos em todo o país. 1941. Disponível em: <http://www.planalto.gov.br>. Acesso em: 10 jun. 2012.

_____. Lei de Diretrizes e Bases da Educação Nacional. Lei n. 9.394/ 1996. Disponível em: <http://www.planalto.gov.br/ccivil_03/leis/l9394. htm> Acesso em: 8 ago. 2013.

BRITZMAN, Deborah. O que é esta coisa chamada amor — identidade homossexual, educação e currículo. *Educação e Realidade*, Porto Alegre, v. 21, n. 1, p. 71-96, jan./jun. 1996.

CARVALHO, Marília Pinto de. Quem são os meninos que fracassam na escola? *Cadernos de Pesquisa*, São Paulo, Fundação Carlos Chagas, v. 34, n. 121, p. 11-40, 2004.

CASTELLANI FILHO, Lino. *Educação física no Brasil*: a história que não se conta. Campinas: Papirus, 1988.

COLETIVO DE AUTORES. *Metodologia do ensino de educação física.* São Paulo: Cortez, 1992. 119 p.

CONNEL, Rawen. Masculinity, violence, and war. In: KIMMEL, M.; MESSNER, M. *Men's lives.* New York/Toronto: MacMillan Publishing Co./Maxwell MacMillan Canada, 1992. p. 176-83.

CONNEL, Rawen. Políticas da masculinidade. *Educação e Realidade*, Porto Alegre, v. 20, n. 2, p. 185-206, jul./dez. 1995.

DAMO, Arlei. Monopólio estético e diversidade configuracional no futebol brasileiro. *Movimento*, Porto Alegre, v. 9, n. 2, p. 129-56, 2003.

_____. *Do dom à profissão:* a formação de futebolistas no Brasil e na França. São Paulo: Hucitec, 2007. v. 1, 359p.

_____. Dom, amor e dinheiro no futebol de espetáculo. Revista Brasileira de Ciências Sociais, v. 23, p. 139-50, 2008.

DAOLIO, Jocimar. A construção cultural do corpo feminino ou o risco de se transformar meninas em "antas". In: ROMERO, Elaine (Org.). *Corpo, mulher e sociedade*. Campinas: Papirus, 1995. p. 99-108.

DELAMONT, Sara. *Os papéis sexuais e a escola*. Tradução de Manuel Ruas. Lisboa: Livros Horizonte, 1985. 168 p.

DEVIDE, Fabiano P. *Gênero e mulheres no esporte*: história das mulheres nos jogos olímpicos modernos. Ijuí: Ed. da Unijuí, 2005.

DUNNING, Eric. O desporto como uma área masculina reservada: notas sobre os fundamentos sociais na identidade masculina e suas transformações. In: ELIAS, Norbert; DUNNING, Eric. *A busca da excitação*. Tradução de Maria Manuela Almeida e Silva. Lisboa: Difel, 1992. p. 389-412.

ELIAS, Norbert; DUNNING, Elias. *A busca da excitação*. Tradução de Maria Manuela Almeida e Silva. Lisboa: Difel, 1992. 424 p.

FARIA, Eliene L. *O esporte na cultura escolar:* usos e significados. Dissertação (Mestrado em Educação) — Universidade Federal de Minas Gerais, Belo Horizonte, 2001.

FARIAS, Cláudia M. Superando barreiras e preconceitos: trajetórias, narrativas e memórias de atletas negras. *Estudos Feministas*, Florianópolis, UFSC,v. 19, n. 3, set./dez. 2011.

FERNANDES, Simone C. *Os sentidos de gênero em aulas de educação física*. Dissertação (Mestrado em Educação Física) — Universidade Estadual de Campinas, Campinas, 2008.

FIGUEIRA, Márcia. *Skate para meninas:* modos de se fazer ver em um esporte em construção 2008. Tese. (Doutorado em Ciências do Movimento Humano) — Universidade Federal do Rio Grande do Sul, Porto Alegre, 2008.

FINCO, Daniela. A educação dos corpos femininos e dos masculinos na educação infantil. In: FARIA, Ana Lúcia Goulart (Org.). *O coletivo infantil em creches e pré-escolas:* falares e saberes. São Paulo: Cortez, 2007. p. 94-119.

_____. Brincadeiras, invenções e transgressões de gênero na educação infantil. *Múltiplas Leituras*, São Paulo, v. 3, p. 120-35, 2010a.

_____. *Educação infantil, espaços de confronto e convívio com as diferenças:* análise das interações entre professoras e meninas e meninos que transgridem as fronteiras de gênero. Tese. (Doutorado em Educação) — Universidade de São Paulo, São Paulo, 2010b.

FRANCIS, Becky. Oppositional positions: children's construction of gender in talk and role plays based on adult occupation. *Educational Research*, London, v. 40, n. 1, p. 31-43, Spring 1998.

FOUCAULT, Michel. *Microfísica do poder.* Organização e tradução de Roberto Machado. Rio de Janeiro: Graal, 1995a. 295 p.

_____. *Vigiar e punir:* nascimento da prisão. 12. ed. Tradução de Raquel Ramalhete. Petrópolis: Vozes, 1995b. 280 p.

GARRETT, Robyne. Negotiating a physical identity: girls, bodies and physical education. *Sport, Education and Society*, London, v. 9, n. 2, p. 223-37, July 2004.

GOELLNER, Silvana. Mulheres e futebol no Brasil: entre sombras e visibilidades. *Revista Brasileira de Educação Física e Esporte*, São Paulo, v. 19, n. 2, p. 143-51, abr./jun. 2005.

_____. Prefácio. Memórias olímpicas: a vez e a voz das mulheres. In: RUBIO, Kátia. *As mulheres e o esporte olímpico brasileiro.* São Paulo: Casa do Psicólogo, 2011. p. 5-9.

GOELLNER, Silvana. A contribuição dos estudos de gênero e feministas para o campo acadêmico-profissional da educação física. In: DORNELLES, Priscila G.; WENETZ, Ileana; SCHWENGBER, Maria Simone V. (Org.). *Educação física e gênero*: desafios educacionais. Ijuí: Ed. da Unijuí, 2013.

GRUGEON, Elisabeth. Implicaciones del género en la cultura del patio de recreo. In: WOODS, Peter; HAMMERLEY, Martyn (Ed.). *Género, cultura y etnia en la escuela*: informes etnográficos. Barcelona: Ministerio de Educación y Ciencia, 1995. p. 23-47.

HARAWAY, Donna. Gênero para um dicionário marxista: a política sexual de uma palavra. *Cadernos Pagu*, Campinas, Unicamp, n. 22, p. 201-46, jan./jun. 2004.

JACÓ, Juliana Fagundes. *Educação física e adolescência*: "professor, não vou participar da aula!" Monografia (Licenciatura em Educação Física) — Unicamp, Campinas, 2008.

_____. *Educação física escolar e gênero*: diferentes maneiras de participar da aula. Dissertação (Mestrado) — Programa de Pós-Graduação em Educação Física, Unicamp, Campinas, 2012.

LOEFFLER, T. A. Assisting women in developing a sense of competence in outdoor programs. *The Journal of Experiential Education*, Columbia, Canada, v. 20, n. 3, p. 119-123, Dec. 1997.

LOURO, Guacira Lopes. Nas redes do conceito de gênero. In: LOPES, Marta et al. (Org.). *Gênero e saúde*. Porto Alegre: Artes Médicas, 1996. p. 7-18.

_____. *Gênero, sexualidade e educação*: uma perspectiva pós-estruturalista. Petrópolis: Vozes, 1997.

LOUZADA, Mauro; VOTRE, Sebastião; DEVIDE, Fabiano. Representações de docentes acerca da distribuição dos alunos por sexo nas aulas de educação física. *Revista Brasileira de Ciências do Esporte*, Campinas, v. 28, n. 2, p. 55-68, jan. 2007.

LUCENA, Ricardo F. Esporte, educação física e escola: como não sucumbir ao gigante esporte em tempos de megaeventos esportivos no Brasil? *Em Aberto*, Brasília, Inep, v. 26, p. 45-55, 2013.

MAC AN GHAILL, M. Deconstructing heterosexualities in school arenas. *Curriculum Studies*, London, v. 4, n. 2, p. 191-210, 1996.

MATOS, Marlise. Teorias de gênero ou teorias e gênero? Se e como os estudos de gênero e feministas se transformaram em um campo novo para as ciências. *Estudos Feministas*, Florianópolis, v. 16, n. 2, p. 333-57, 2008.

MARIANO, Marina. *Educação física na educação infantil e as relações de gênero*: educando crianças ou meninos e meninas? Dissertação (Mestrado) — Programa de Pós-Graduação em Educação Física, Unicamp, Campinas, 2010.

MESSNER, Michael. Boyhood, organized sports, and the construction of masculinities. In: _____; KIMMEL, Michael. *Men's lives*. New York/ Toronto: MacMillan Publishing Co., 1992. p. 131-61.

MORAES, Enny Vieira. *As mulheres também são boas de bola*: histórias de vida de jogadoras baianas (1970-1990). Tese (Doutorado em História) — Pontifícia Universidade Católica, São Paulo, 2012.

MOURA, Eriberto José Lessa de. *As relações entre lazer, futebol e gênero*. Dissertação (Mestrado em Educação Física) — Unicamp, Campinas, 2003.

NOLASCO, Sócrates. A desconstrução do masculino: uma contribuição crítica à análise de gênero. In: _____ (Org.). *A desconstrução do masculino*. Rio de Janeiro: Rocco, 1995. p. 15-29.

OLIVEIRA, José Geraldo. O homem que deu a voz às noivas do cordeiro. Entrevista Alfredo Alves. *Revista Getúlio*, São Paulo, jan. 2010. p. 61-65.

OLIVEIRA, Rogério Cruz de. *Na periferia da quadra*: educação física, cultura e sociabilidade na escola. Tese (Doutorado em Educação Física) — Faculdade de Educação Física, Unicamp, Campinas, 2010.

PARKER, Richard. *Corpos, prazeres e paixões*: a cultura sexual no Brasil contemporâneo. 2. ed. São Paulo: Best Seller, 1991. 295 p.

POOVEY, Mary. Feminism and deconstruction. *Feminist Studies*, Maryland, College Park, v. 14, n. 1, p. 51-65, Spring 1988.

PORTER, Elisabeth. Women and friendships: pedagogies of care and relationality. In: LUKE, C. (Ed.). *Feminism and pedagogies of everyday life*. New York: State University of New York Press, 1996. p. 56-79.

RAGO, Margareth. *A aventura de contar-se*: feminismos, escrita de si e invenções da subjetividade. Campinas: Ed. da Unicamp, 2013.

REZENDE, Andreia B.; CARVALHO, Marília Pinto de. Meninos negros: múltiplas estratégias para lidar com o fracasso escolar. *Sociologia da Educação*, revista luso-brasileira, Rio de Janeiro, v. 5, p. 1, 2012.

RIO GRANDE DO SUL. Secretaria de Estado da Educação. *Referencial Curricular do Estado do Rio Grande do Sul*. Linguagem, códigos e suas tecnologias: artes e educação física. Departamento Pedagógico. Porto Alegre: Secretaria do Estado da Educação do Rio Grande do Sul, 2009. v. II.

ROCHA, Ruth. *Leila menina*. São Paulo: Salamandra, 2012.

ROSEMBERG, Fúlvia. A educação física, os esportes e as mulheres: balanço da bibliografia brasileira. In: ROMERO, Elaine (Org.). *Corpo, mulher e sociedade*. Campinas: Papirus, 1995. p. 271-308.

RUBIO, Kátia (Org.). *As mulheres e o esporte olímpico brasileiro*. São Paulo: Casa do Psicólogo, 2011.

SANTOS, Boaventura de S. *Reconhecer para libertar*: os caminhos do cosmopolitanismo multicultural. Rio de Janeiro: Civilização Brasileira, 2003.

SÃO PAULO (ESTADO). Secretaria de Estado da Educação. *Proposta Curricular do Estado de São Paulo*. Coord. Maria Inês Fini. São Paulo: SEE, 2008.

SARAIVA, Maria do Carmo. *Quando a diferença é mito*: uma análise da socialização específica para os sexos sob o ponto de vista do esporte e da educação física. Dissertação (Mestrado em Educação) — UFSC, Florianópolis, 1993. 167 p.

SCHPUN, Mônica Raisa. Códigos sexuados e vida urbana em São Paulo: as práticas esportivas das oligarquias dos anos vinte. In: _____ (Org.). *Gênero sem fronteiras*. Florianópolis: Editora Mulheres, 1997. p. 45-71.

SCOTT, Joan. Deconstructing equality versus difference: or the uses of poststructuralist theory for feminism. *Feminist Studies*, Maryland, College Park, v. 14, n. 1, p. 33-49, Spring 1988.

_____. Gênero: uma categoria útil de análise histórica. *Educação e Realidade*, Porto Alegre, v. 20, n. 2, p. 71-99, jul./dez. 1995.

SERBIN, Lisa. Teachers, peers and play preferences: an environmental approach to sex typing in the preschool. In: DELAMONT, Sara (Ed.). *Reading on interaction in classroom*. London: Richard Clay, 1984. p. 273-89.

SOARES, Carmen L. Educação física escolar: conhecimento e especificidade. *Revista Paulista de Educação Física*, São Paulo, supl. 2, p. 6-12, 1996.

SOUSA, Eustáquia S. *Meninos, à marcha! Meninas, à sombra!* A história da educação física em Belo Horizonte (1897-1994). Tese (Doutorado em Educação) — Ed. da Unicamp, Campinas, 1994.

SOUZA JR., Osmar M. *Futebol como projeto profissional de mulheres:* interpretações da busca pela legitimidade. Tese (Doutorado em Educação Física) — Ed. da Unicamp, Campinas, 2013.

SOUZA, Carolina M. *Relações de gênero e educação física*: "visão de jogo" e beleza. Monografia (Licenciatura em Educação Física) — Ed. da Unicamp, Campinas, 2009.

SOUZA, Gabriela C.; MOURÃO, Ludmila. *Mulheres no tatame*: o judô feminino no Brasil. Rio de Janeiro: Mauad X; Faperj, 2011.

SPOSITO, Marilia (Org.). *O estado da arte sobre juventude na pós-graduação brasileira*: educação, ciências sociais e serviço social (1999-2006). Belo Horizonte: Argvmentvm, 2009.

STANLEY, Julia. El sexo y la alumna tranquila. In: WOODS, Peter; HAMMERSLEY, Martyn. *Género, cultura y etnia en la escuela*: informes etnográficos. Barcelona: Ministerio de Educación y Ciencia, 1995. p. 49-63.

STIGGER, Marco P. Relações entre o esporte de rendimento e o esporte da escola. *Movimento*, Porto Alegre, v. 14, n.7, p. 67-86, 2001.

TABORDA DE OLIVEIRA, Marcus A. Esporte e política na ditadura militar brasileira: a criação de um pertencimento nacional esportivo. *Movimento*, Porto Alegre [on-line], v. 18, p. 155-174, 2012.

THORNE, Barrie. *Gender play*: girls and boys in school. New Jersey: Rutgers University Press, 1993. 237 p.

UCHOGA, Liane R. *Educação física escolar e relações de gênero*: risco, confiança, organização e sociabilidades em diferentes conteúdos. Dissertação (Mestrado em Educação Física) — Faculdade de Educação Física, Universidade Estadual de Campinas, Campinas, 2012.

VAGO, Tarcísio Mauro. *Das escrituras à escola pública*: a educação física nas séries iniciais do 1º grau. Dissertação (Mestrado em Educação) — UFMG, Belo Horizonte, 1993. 252 p.

_____; LINHALES, Meily A. Esporte escolar: o direito como fundamento de políticas públicas. *Boletim Brasileiro de Esporte Escolar*, Brasília, v. 1, n. 1, p. 1-12, 2004.

VALPORTO, Oscar. *Atleta, substantivo feminino*: as mulheres brasileiras nos Jogos Olímpicos. Rio de Janeiro: Casa da Palavra, 2006. 293 p.

VIANA, Aline E. *As relações de gênero em uma escola de futebol*: quando o jogo é possível. Dissertação (Mestrado em Educação Física) — Faculdade de Educação Física, Universidade Estadual de Campinas, Campinas, 2012.

VIANNA, Cláudia. Gênero, sexualidade e políticas públicas de educação: um diálogo com a produção acadêmica. *Pro-Posições*, Campinas, v. 23, p. 253-78, 2012.

_____; UNBEHAUM, Sandra. Gênero na educação básica: quem se importa? Uma análise de documentos de políticas públicas no Brasil. *Educação & Sociedade*, Campinas, v. 28, p. 231-58, 2006. (Impresso.)

_____; FINCO, Daniela. Meninas e meninos na Educação Infantil: uma questão de gênero e poder. *Cadernos Pagu*, Campinas, Unicamp, p. 265-84, 2009. (Impresso.)

VIGARELLO, Georges. Virilidades esportivas. In: CORBIN, Alain; COURTINE, Jean-Jacques; _____ (Dir.). *História da virilidade*: a virilidade em crise? Séculos XX-XXI, Petrópolis: Vozes, 2013. v. 3.

VYGOTSKY, L. S. O papel do brinquedo no desenvolvimento. In: _____. *A formação social da mente*. São Paulo: Martins Fontes, 1984.

WENETZ, Ileana. *Gênero e sexualidade nas brincadeiras do recreio*. Dissertação (Mestrado em Ciências do Movimento Humano) — UFRGS, Porto Alegre, 2005.

_____; STIGGER, Marco P.; MEYER, D. E. A construção do gênero no espaço escolar. *Movimento*, Porto Alegre, v. 12, p. 59-80, 2006.

WILLIS, Susan. Play for profit. In: LUKE, Carmem (Ed.). *Feminism and pedagogies of everyday life*. New York: State University of New York Press, 1996. p. 188-203.

Sites consultados:

<http://acervo.folha.com.br/fsp/2007/10/31/2/5221736>. Acesso em: 5 dez. 2014.

<http://globoesporte.globo.com/ESP/Noticia/Futebol/Campeonatos/0,,MUL163196-9790,00.html>. Acesso em: 5 dez. 2014.

<http://jornalpequeno.com.br/edicao/2007/10/31/fifa-confirma-copa-de-2014-no-brasil/>. Acesso em: 17 jan. 2014.

<https://www.facebook.com/CalcadosBibi/photos/a.211251442242392.57255.200155063352030/553794504654749/?type=3&permPage=1>. Acesso em: 8 ago. 2013.

<https://www.facebook.com/photo.php?fbid=224629137571289&set=a.211251442242392.57255.200155063352030&type=3&theater>. Acesso em: 25 jul. 2013.

<https://www.facebook.com/photo.php?fbid=227789653921904&set=
a.211251442242392.57255.200155063352030&type=3&theater>.
Acesso em: 25 jul. 2013.

<https://www.facebook.com/photo.php?fbid=554599481240918&set=
a.211251442242392.57255.200155063352030&type=3&theater>.
Acesso em: 8 ago. 2013.

<https://www.facebook.com/photo.php?fbid=606632766037589&set=
a.211251442242392.57255.200155063352030&type=3&theater>.
Acesso em: 8 ago. 2013.

<https://www.facebook.com/photo.php?fbid=607973805903485&set=
a.211251442242392.57255.200155063352030&type=3&theater>.
Acesso em: 8 ago. 2013.

<https://www.facebook.com/photo.php?fbid=608356645865201&set=
a.211251442242392.57255.200155063352030&type=3&theater>.
Acesso em: 8 ago. 2013.

<https://www.facebook.com/photo.php?fbid=609989562368576&set=
a.211251442242392.57255.200155063352030&type=3&theater>.
Acesso em: 8 ago. 2013.

• O PROFESSOR DIANTE DAS RELAÇÕES DE GÊNERO NA EDUCAÇÃO FÍSICA ESCOLAR

Coleção Educação & Saúde - vol. 7

Luciano Nascimento Corsino e *Daniela Auad*

112 págs.

1ª edição (2012)

ISBN 978-85-249-1915-2

O livro possibilita acessar algumas maneiras como são educadas, no detalhe de suas corporeidades, meninas, meninos, homens e mulheres. Desta forma, ao longo de seus capítulos, este livro expressa a reflexão sobre esse processo educativo. A origem da temática Educação Física Escolar e Relações de Gênero será abordada, assim como serão comentados estudos e pesquisas que utilizam a categoria gênero para pensar a Educação Física. O ideal coeducativo, incluindo sua conceituação no Brasil e no exterior, assim como a necessária perspectiva da igualdade de gênero na Educação Física são aspectos analisados, com especial destaque para os conteúdos das aulas de Educação Física, a maneira como professores e professoras misturam e/ou separam alunas e alunos e, por conseguinte, as resistências e conflitos em meio às desigualdades desse cotidiano.

LEIA TAMBÉM

• O ALUNO INCLUÍDO NA EDUCAÇÃO BÁSICA
avaliação e permanência

Coleção Educação & Saúde - vol. 9

Marcos Cezar de Freitas

120 págs.
1ª edição (2013)
ISBN 978-85-249-2016-5

O livro aborda os processos de inclusão que estão em andamento na educação básica. Apresenta uma visão crítica do processo levando em consideração o ponto de vista do aluno incluído e argumenta que, muitas vezes, a forma de incluir tem dificultado a ação dos professores e a permanência de alunos.